# 두뇌 놀이

**100개!**

추억 다른 그림 찾기, 그림자 찾기 등

# 추억 여행

임단비 글
홍수미 그림

풍족하지는 않았지만
행복했던 그리운 추억 속으로
함께 들어가 봐요!

Raspberry 라즈베리

# 문제미리보기

## 같은 그림 찾기
주어진 보기와 같은 그림을 찾아 그 번호를 쓴다.

## 다른 그림 찾기
두 그림의 다른 부분을 찾아 동그라미 표시한다.

## 사진 다른 부분 찾기
두 사진의 다른 부분을 찾아 동그라미 표시한다.

## 반전 다른 그림 찾기
반전된 그림에서 다른 부분을 찾아 동그라미 표시한다.

## 규칙 찾기
나열된 규칙을 찾아보고 빈칸에 들어갈 번호를 쓴다.

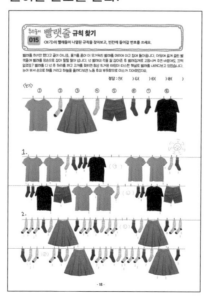

## 사진 기억하고 문제 풀기
20초 간 사진을 유심히 보고 뒷장에 있는 질문에 답한다.

## 숨은 단어 찾기
표 안의 가로, 세로, 대각선, 똑바로,
거꾸로 숨어 있는 단어를 찾는다.

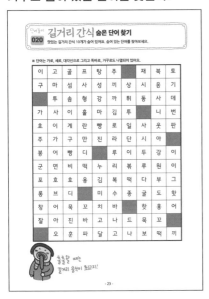

## 초성 단어 알아맞히기
초성을 보고 주어진 문제에 맞는
단어를 쓴다.

## 스도쿠
가로, 세로, 굵은 선 안에 1에서 9까지의 숫
자가 반복되지 않게 한다.

## 연상 단어 알아맞히기
그림을 보고 연상되는 단어를
알아맞혀본다.

## 단어 재배치
순서가 뒤죽박죽인 단어나 문장을
말이 되게 제대로 재배치한다.

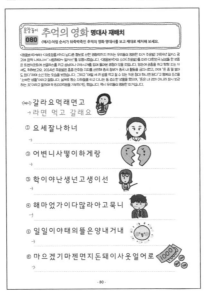

## 그림자 찾기
주어진 보기와 같은 그림자를 찾는다.

# 오줌싸개 같은 그림 찾기

<보기>와 모양이 같은 그림 1개를 찾아 그 번호를 쓰세요.          정답 : (                    )

옛날에는 아이가 밤에 자다 오줌을 싸면 다음 날 아침 일찍 엄마가 머리에 키를 뒤집어 씌우고 바가지를 손에 들려주며 옆집 가서 소금을 얻어 오라고 쫓아냈답니다. 옆집에 가서 "우리 엄마가 소금 좀 달래요."라고 말하면, 옆집 아주머니는 "때끼놈! 너 오줌 쌌구나!" 하시며 소금을 한 바가지 주시죠. 더불어 "이것도 받아가라∼" 하며 키 뒤집어 쓴 머리 위에 꿀밤 한 대도 잊지 않으셨습니다. 그러면 잉잉∼ 울면서 집으로 돌아오고 이를 본 친구들은 "얼레리 꼴레리 춘식이는 오줌싸개래∼ 얼레리 꼴레리…" 놀려대고요. 그런데 이런 일을 겪고 나면 다시는 밤에 오줌을 싸지 않게 되는 신기한 경험을 합니다.

<보기>

①

②

③

④

⑤

# 간난이머리 다른 그림 찾기

그림에서 '간난이머리 스타일'이 아닌 아이를 찾아 동그라미 하세요.

짧은 단발로 잘랐는데 그 모습이 촌스러울 때 흔히 '간난이머리'같다고 말합니다. 6.25당시 어린 남매가 할머니와 함께 거친 세상을 살아가는 이야기를 담은 드라마 <간난이(1983년 방영)>의 주인공인 간난이의 머리스타일에서 따온 말입니다. 단발머리는 세련된 도시적 이미지를 풍기는데 이것이 약간 삐끗해서 촌스런 모습으로 보이면 간난이머리라고 놀리곤 했죠. 바가지머리라고도 하는 간난이머리와 스타일리쉬한 단발머리는 한 끗 차이라고 할 수 있겠네요. ^^

# 토끼풀 사진 다른 부분 찾기

아래 사진에서 다른 부분 5개를 찾아 동그라미 하세요.

토끼가 잘 먹는 풀이라 해서 토끼풀이라고 합니다. 클로버라고도 하고, 잎의 개수에 따라 세잎클로버, 네잎클로버라고도 하죠. 세잎클로버는 행복, 네잎클로버는 행운이라는 꽃말을 가지고 있답니다. 나폴레옹이 포병장교 시절 자신의 발 밑에서 우연히 발견한 네잎클로버를 보려고 고개를 숙이다가 적군의 총탄을 피하게 되었고, 이 일로 인해 네잎클로버가 행운의 상징이 되었다고 하네요. 찾기 어려운 네잎클로버의 행운을 찾으려고 하다가 뻗으면 잡히는 세잎클러버의 행복을 놓치지 말라는 말 아시죠?

# 풀꽃반지 다른 그림 찾기

아래 그림에서 다른 부분 5개를 찾아 동그라미 하세요.

토끼풀 꽃 바로 밑의 줄기에 손톱으로 구멍을 내어 줄기를 끝까지 두 갈래로 가르고 그 줄기로 손가락을 묶어주면 심플한 풀꽃반지가 됩니다. 또다른 방법은 토끼풀 꽃 바로 밑의 줄기에 손톱으로 구멍을 내고, 다른 토끼풀 하나를 그 구멍에 끼워 손가락에 묶어주면 좀더 풍성한 풀꽃반지가 됩니다. 이것을 손목에 묶어주면 풀꽃팔지가 되지요. 길을 걷다가 토끼풀을 만나면 열심히 살아가는 나에게 풀꽃반지를 선물해 보세요. 소소한 행복이 쌓이면 삶이 즐거워집니다.

# 질경이 끊기 놀이 같은 그림 찾기

〈보기〉와 모양이 같은 그림 1개를 찾아 그 번호를 쓰세요.          정답 : (          )

길 위에서 사람들의 발에 밟히면서도 끈질기게 잘 자라는 질경이는 베짱이라고도 합니다. 잎과 씨에 이뇨, 해열, 거담, 진해, 해독 효과가 있어 약재로도 사용합니다. 연한 잎과 꽃대는 몸에도 좋고 맛도 좋아 나물로 먹기도 하죠. 질경이를 서로 맞대어 잡아당겨 누가 끊어지나 하는 놀이 해 보신 기억 있으세요? 오늘은 주변에서 흔히 볼 수 있는 풀로 간식 내기 한판 어떠세요?

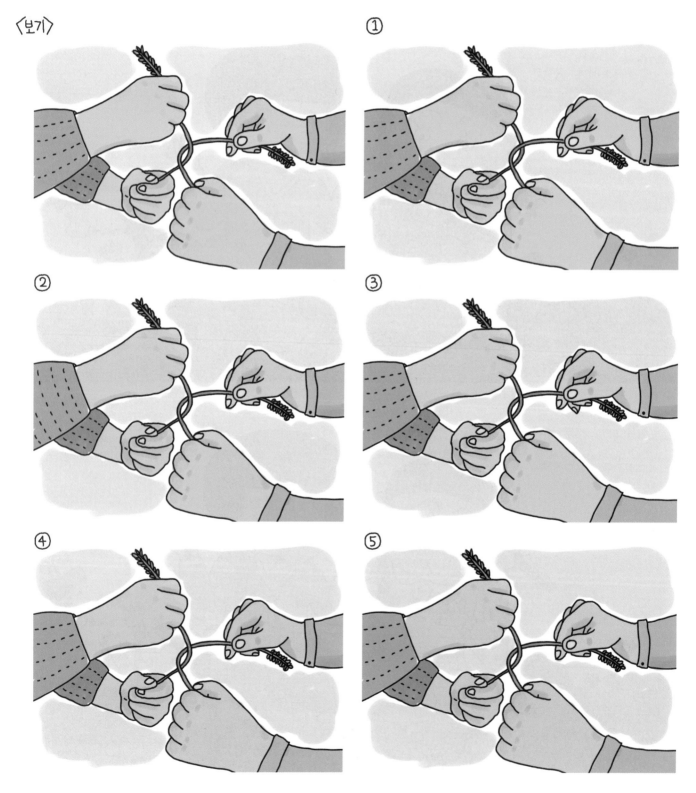

# 뻥튀기 같은 그림 찾기

〈보기〉와 모양이 같은 그림 1개를 찾아 그 번호를 쓰세요.　　　　정답 : (　　　　　)

어릴 적 간식으로 먹던 뻥튀기. 뻥튀기 아저씨가 우렁차게 소리칩니다. "뻥이요, 뻥〜〜〜 귀들 막으세요. 뻥이요, 뻥!!!" 길 가던 아줌마도 구경 나온 아이들도 모두 두 눈을 질끈 감으며 귀를 막지요. 뻥 소리가 날 때는 궁금해서 한쪽 눈을 살짝 뜨고 보기는 하지만요. 아저씨가 연장 두 개를 들고 뻥튀기 기계로 다가가 다시 한 번 외칩니다. "뻥이요〜〜〜!!!" 우렁찬 소리와 함께 하얀 연기가 주위를 둘러싸고 고소한 냄새가 온동네를 뒤덮으면 그야말로 무릉도원에라도 뿅〜 하고 날아온 기분이 들었죠.

〈보기〉

①

②

③

④

⑤

# 추억놀이
## 007
# 엿장수 사진 다른 부분 찾기
아래 사진에서 다른 부분 5개를 찾아 동그라미 하세요.

한국전쟁 이후에 엿장수는 돈 대신 고물을 받아 되파는 고물상을 겸하기도 했습니다. 쩌렁쩌렁한 쇠가위질 소리와 함께 "왔어요~, 왔어! 달고 맛있는 울릉도 호박엿이 왔어요~"를 외치는 엿장수의 구수한 노랫가락이 울리면 아이들은 엿을 얻어 먹기 위해 몰려 들었답니다. 숟가락, 부러진 비녀, 찌그러진 솥단지, 떨어진 고무신, 빈병… 엿으로 바꿔먹을 만한 것은 죄다 긁어서 가져 오곤 했죠. 그러면 엿장수는 쇠가위로 엿을 잘라 고물에 해당하는 만큼 알맞게 엿을 주었습니다. 그러나 말이 알맞게지 사실 엿장수 마음대로여서 똑같은 고물을 가져다 줘도 그때그때 주는 양이 달랐기에 '엿장수 마음대로'라는 말이 생겨났답니다.

- 10 -

# 까치야 까치야 다른 그림 찾기

아래 그림에서 까치가 아닌 다른 새를 한 마리 찾아 동그라미 하세요.

예전에는 아이의 배냇니를 실로 묶어 잡아당겨 뺀 후 빠진 이를 지붕 위에 던지면서 '까치야 까치야, 헌 이 줄게 새 이 다오' 이런 노래를 불렀습니다. 그러면 까치가 헌 이는 물어가고 대신 예쁘고 건강한 새 이를 가져다 준다고 믿었지요. 예로부터 영물이라 여겨온 까치를 통해 아이의 귀중한 신체 일부였던 이를 아무 곳에나 버리는 것을 막기 위한 행동이었을 겁니다. 배냇니는 젖니라고도 하고 한자를 써서 유치(乳齒)라고도 합니다.

손등 위에 흙이나 모래를 두껍게 얹어가며 다독다독 튼튼하게 굳힌 후 손을 살며시 빼서 굴을 만듭니다. 이러면 두꺼비 집 완성~. 손등 위로 쌓아 올린 모래 모양에서 두꺼비가 연상된 것일까요? '두껍아 두껍아 헌집 줄게 새집 다오~'. 모 래집을 만들면서 부른 이 <두껍아 두껍아>라는 노래는 우리나라의 전래동요로, 기원을 알 수 없을 정도로 오래전부터 전 해오는 노래라고 합니다.

# 다래끼 반전 다른 그림 찾기

아래 그림에서 다른 부분 5개를 찾아 동그라미 하세요.

눈에 다래끼가 나면 어른들은 사람이 많이 다니는 길 한가운데에 돌 몇 개를 탑처럼 쌓아 놓고, 거기에 눈썹 하나를 뽑아 숨겨 두라고 했습니다. 길을 지나가던 사람이 그 돌을 차서 무너뜨리면 다래끼가 그 사람에게 옮겨가 본인은 낫는다는 것이었죠. 민간 주술 같은 거였겠지만, 지나가던 그 사람은 또 무슨 죄일까 싶네요. 어릴 때 저도 그런 생각이 들었는지 다래끼가 났을 때 골목길에다 돌을 몰래 쌓아두고 죄지은 사람처럼 집으로 잽싸게 뛰어들어가 완전 범죄(?)를 성공시켰던 기억이 납니다.^^

# 엄마 손은 약손 반전 다른 그림 찾기

아래 그림에서 다른 부분 5개를 찾아 동그라미 하세요.

어릴 적 배탈이 나면 엄마는 저를 무릎 위에 눕히고는 배 위를 동글동글 원을 그리며 쓰다듬어 주셨습니다. 그러면서 흥얼거리듯 '엄마 손은 약손 단비 배는 똥배'라고 말하셨죠. 그러면 따스한 손의 온기가 몸안에 전해져서인지 신기하게도 아팠던 배가 사르르 낫는 기분이 들었습니다. 스르르 잠도 오고요. 한숨 푹 자고 일어나면 언제 그랬냐 싶게 멀쩡해져서 밖으로 나가 신나게 뛰어놀곤 했습니다.

# 소독차 반전 다른 그림 찾기

아래 그림에서 다른 부분 5개를 찾아 동그라미 하세요.

동네에 일명 방구차라 불리는 소독차가 나타나면, 친구들과 놀던 아이들도, 집에서 저녁을 먹던 아이들도 소독차를 향해 뛰어갑니다. 그리고는 몸속을 소독이라도 하겠다는 양 "와아아~~!!" 하고 입을 벌리고 소리를 지르며 동네방네 소독차를 쫓아 뛰어다닙니다. 소독차에서 내뿜는 흰 연기가 안개 속에 있는 것같은 몽환적 기분을 느끼게 해서였을까요? 비록 소독차의 연기는 몸에 좋지 않았겠지만 소독차의 추억은 깔깔깔 웃음소리와 함께 그리움으로 남아 있습니다.

# 수박서리 같은 그림 찾기

〈보기〉와 모양이 같은 그림 1개를 찾아 그 번호를 쓰세요.　　　　정답 : (　　　　　　)

어린 시절 딱 한 번 수박서리를 하러 간 적이 있습니다. 친구들이 가자고 하니까 얼떨결에 따라간 거지요. 무심코 어떤 행동을 하다가 '아차, 잘못됐구나!' 하고 깨닫는 순간 몰려오는 공포감이란 게 있죠. 그때를 생각하면 지금도 심장이 콩닥콩닥 뛰네요. 수박서리할 때도 기술이 있다고 합니다. 수박 색과 비슷한 초록색 옷을 입고 낮은 자세로 기어가서 주인이 없거나 안 볼 때 잽싸게 수박을 따서 튀어나오는 거라네요. 혹시나 호기심이 발동해 남의 농작물을 서리하겠다는 분은 안 계시겠죠? 추억은 추억일 뿐 따라하시면 안 됩니다.

〈보기〉

①

②

③

④

⑤

# 빨래터 같은 그림 찾기

〈보기〉와 모양이 같은 그림 1개를 찾아 그 번호를 쓰세요.          정답 : (                    )

냇가에 모여 빨래하던 시절. 동네 아주머니들이 빨간 대야에 빨래를 하나 가득 담아 허리에 끼고 냇가로 모입니다. 물론 빨래 방망이도 잊지 않으셨죠. 우선 빨래 하기 좋은 돌을 골라 자리를 잡습니다. 양잿물로 만든 비누로 비누칠을 하고 비비다가 방망이로 두드리고 물에 쓱쓱 헹궈내면 어느새 옷이 깨끗해집니다. 그리고는 빨래 양쪽 끝을 잡아 비틀어 짜서 대야에 차곡차곡 담으면 빨래 끝∿. 빨래터에서 옹기종기 모여 나누던 수다와 빨래를 향한 방망이질은 우리 어머니들의 스트레스 해소에 필수품이었을 겁니다.

〈보기〉

①

②

③

④

⑤

# 추리놀이 015 빨랫줄 규칙 찾기

〈보기〉의 빨래들이 나열된 규칙을 찾아보고, 빈칸에 들어갈 번호를 쓰세요.

빨래를 하기만 했다고 끝이 아니죠. 물기를 품어 더 무거워진 빨래를 머리에 이고 집에 돌아옵니다. 마당에 길게 걸린 빨랫줄에 빨래를 양손으로 잡아 탈탈 털어 넙니다. 넌 빨래의 각을 잘 잡아준 후 빨래집게로 고정시켜 주면 바람에도 끄떡없겠죠? 빨래를 다 넌 후 허리를 펴고 고개를 젖히면 항상 뜨거운 태양이 따스한 햇살로 빨래를 내려다보고 있었습니다. 눈이 부셔 손으로 해를 가리고 하늘을 올려다보면 노동 후의 뿌듯함으로 미소가 지어졌었지요.

정답 : ㉠(　　) ㉡(　　) ㉢(　　) ㉣(　　)

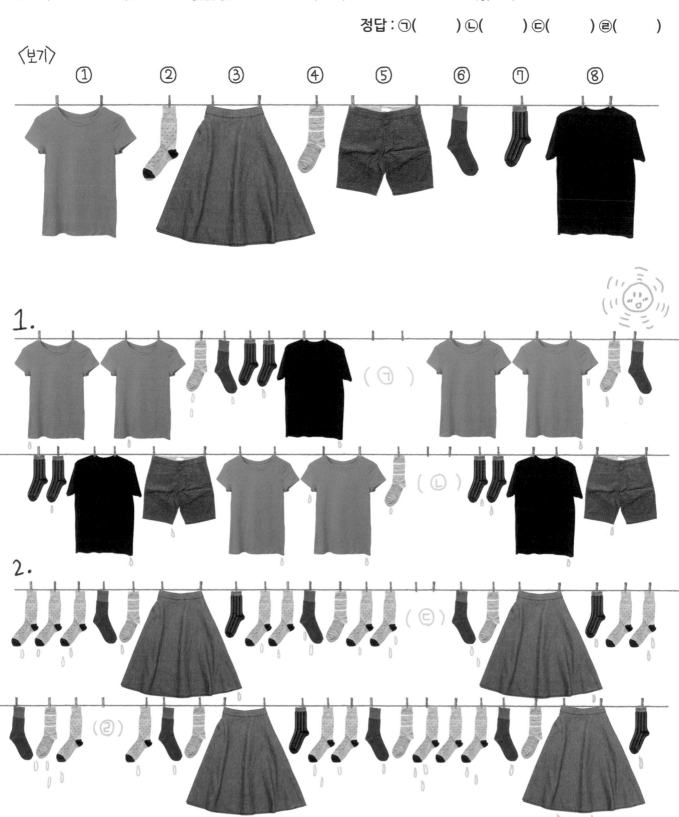

- 18 -

# 물수제비뜨기 규칙 찾기

<보기>의 돌멩이들이 나열된 규칙을 찾아보고, 빈칸에 들어갈 번호를 쓰세요.

호수나 강물 위에 작고 납작한 돌멩이를 비스듬히 던져서 누구의 돌멩이가 물 위를 더 많이 튕겨나가는 가로 승부를 가리는 놀이입니다. 물수제비뜨기에서 가장 중요한 것은 적당한 돌멩이 선택과 던질 때의 각도입니다. 먼저 맨들맨들하면서 납작하고 가벼운 돌멩이를 주워 모읍니다. 돌멩이를 물 위에 내쏘는 각도를 잘 맞추어야 돌멩이가 물 위를 경쾌하게 멀리 튕겨가는데, 돌을 물과 평행하게 날린다는 기분으로 던져야 합니다. 물 위를 쉼없이 통통 튀어가는 돌멩이를 보면 왠지 모를 짜릿함을 느끼고 나도 모르게 어깨가 으쓱거려진답니다.

정답 : ㉠(　　　) ㉡(　　　) ㉢(　　　) ㉣(　　　)

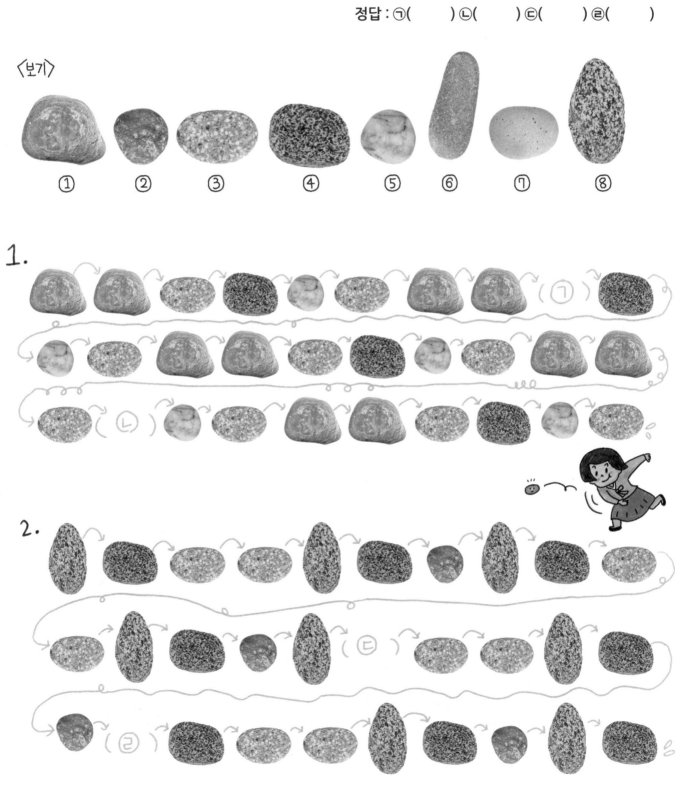

- 19 -

# 다슬기 잡기 사진 다른 부분 찾기

아래 사진에서 다른 부분 5개를 찾아 동그라미 하세요.

다슬기국, 다슬기탕, 다슬기 수제비 등으로 사랑받는 다슬기. 데수리, 도슬비, 고뎅이, 올갱이, 고디, 골부리… 부르는 이름도 지역마다 다양하네요. 다슬기는 이른 아침이나 초저녁이면 돌 밖으로 나와 기어다녀서 잡기 쉽습니다. 다슬기가 나와 있지 않을 때는 물이 출렁거리지 않게 돌을 살짝 뒤집어 봅니다. 돌 밑에는 물론 뒤집은 돌에도 붙어 있을 수 있으니 요리조리 확인해야 합니다. 그때는 친구랑 강가로 다슬기 잡으로 가는 것도 재미있는 놀이 중 하나였는데 말입니다.

# 기억력놀이 018 우렁이 사진 기억하고 문제 풀기

20초 간 사진을 유심히 보고 뒷장에 있는 문제를 풀어 보세요.

삶아서 발라낸 우렁이 살로 끓인 구수한 우렁된장국, 쌈장으로 즐겨 먹는 우렁강된장, 새콤달콤하게 무쳐낸 우렁무침… 요즘에는 논밭에 우렁이가 점차 사라지고 있지만, 옛날에는 농약을 안 해서 논밭에 우렁이가 참 많았습니다. 다행히 요즘들어 농사 지을 때 우렁이를 이용하는 친환경 우렁이 농법을 많이 이용한다는 반가운 이야기가 들리네요. 우렁이는 풀을 먹고 살기에 잡풀이 크지 못하게 해주어 벼를 튼튼하게 해준다고 합니다.

앞장의 사진을 떠올리며 맞는 쪽에 동그라미 표시하세요.

1. 바구니에는 상추만 놓여 있다. ( 그렇다  아니다 )
2. 반찬 중에 콩나물 반찬이 있다. ( 그렇다  아니다 )
3. 뚝배기에 담긴 음식은 한 가지다. ( 그렇다  아니다 )
4. 밥공기의 뚜껑이 닫혀 있다. ( 그렇다  아니다 )
5. 밥그릇과 국그릇 사이에 수저가 놓여 있다. ( 그렇다  아니다 )

## 숫자놀이 스도쿠

**019** 가로, 세로, 굵은 선 안에 1에서 9까지의 숫자가 반복되지 않게 숫자 퍼즐을 완성하세요.

|   | 4 | 7 | 8 |   |   | 6 | 3 |   |
|---|---|---|---|---|---|---|---|---|
| 2 |   |   | 9 | 7 |   |   |   | 4 |
|   | 8 |   |   |   | 6 | 2 | 7 | 9 |
| 3 |   | 4 |   | 9 | 8 | 7 |   | 1 |
|   |   | 6 | 3 | 1 |   |   | 2 |   |
| 8 |   |   | 2 |   | 7 | 5 |   | 3 |
| 6 | 5 |   |   | 4 |   |   | 8 |   |
|   |   | 8 | 6 |   |   |   | 3 | 7 |
| 7 | 3 |   | 1 | 8 | 9 | 4 | 5 |   |

# 단어놀이 020 길거리 간식 숨은 단어 찾기

맛있는 길거리 간식 10개가 숨어 있어요. 숨어 있는 단어를 찾아보세요.

※ 단어는 가로, 세로, 대각선으로 그리고 똑바로, 거꾸로도 나열되어 있어요.

| 이 | 고 | 골 | 프 | 탕 | 주 |  | 재 | 북 | 토 |
| 구 | 마 | 섬 | 사 | 성 | 끼 | 상 | 시 | 응 | 기 |
|  | 투 | 솜 | 형 | 강 | 까 | 튀 | 동 | 사 | 데 |
| 가 | 사 | 이 | 흘 | 마 | 김 | 투 |  | 니 | 번 |
| 호 | 이 | 계 | 란 | 빵 | 로 | 일 | 사 | 웃 | 판 |
| 주 | 가 | 구 | 만 | 진 | 라 | 단 | 시 | 아 |  |
| 붕 | 어 | 빵 | 디 |  | 루 | 이 | 두 | 강 | 이 |
| 군 | 면 | 비 | 떡 | 누 | 리 | 볶 | 루 | 원 | 이 |
| 포 | 호 | 호 | 옹 | 김 | 복 | 떡 | 다 | 부 | 그 |
| 롱 | 브 | 디 |  | 미 | 수 | 종 | 굴 | 도 | 핫 |
| 창 | 어 | 묵 | 꼬 | 치 | 바 |  | 핫 | 홍 | 어 |
| 잘 | 아 | 진 | 바 | 고 | 나 | 드 | 묵 | 꼬 |  |
|  | 오 | 훈 | 파 | 달 | 고 | 나 | 보 | 떡 | 끼 |

출출할 때는
길거리 음식이 최고지!

- 23 -

# 김홍도 경직풍속도 같은 그림자 찾기

<보기>와 같은 그림자를 찾아 그 번호를 쓰세요.　　　　정답 : (　　　　　　)

18세기 풍속화가 단원(檀園) 김홍도(金弘道)의 <경직풍속도(耕織風俗圖)>를 보면 새참 먹는 풍속을 엿볼 수 있습니다. 그림에는 6명의 장정이 웃통을 벗어 붙인 채 일을 하다 들에서 막걸리를 사발로 들이키며 새참을 먹고 있습니다. 새참을 '술참'이라고도 하는데 바로 새참에 술이 빠지지 않는 데서 비롯된 말입니다. 막걸리를 마신 농부들은 적당히 흥이나고 고된줄 모르게 되어 손이 빨라지고 즐겁게 일 할 수 있었다고 합니다.

◀ 사진 자료 _ 김홍도 풍속화첩 / 국립중앙박물관 소장

〈보기〉

① ②

③ ④

# 평상 숨은 그림 찾기

그림에서 〈보기〉의 숨은 그림을 찾아 동그라미 하세요.

예전 시골의 여름 밤에는 멍석이나 평상에 앉아 옥수수, 감자, 수박을 먹으며 도란도란 이야기꽃을 피우는 즐거움이 있었습니다. 평상 옆에 연기가 피어 올랐던 기억이 있는 것을 보면 모기나 날벌레들을 쫓기 위해 모깃불을 피우기도 했던 거 같습니다. 그런 날의 밤하늘에는 수없이 많은 별들이 반짝였습니다. 그러다 별똥별이라도 떨어지면 재빨리 눈을 감고 두 손을 모아 소원을 빌었죠. 엄마 아빠랑 우리 가족 오래오래 행복하게 살게 해달라고요.

〈보기〉 하트, 고무장갑, 무선 이어폰, 꽃, 종이배,
옆 얼굴, 헬멧, 자음 'ㄹ', 도끼, 레몬 조각

예시

⇨

문제 1

정답 : ◯◯◯

문제 2

정답 : ◯ ㅈㅂ ◯ ◯ ㅈ 초성 힌트!!

# 제비집 같은 그림 찾기

〈보기〉와 모양이 같은 그림 1개를 찾아 그 번호를 쓰세요.          정답 : (          )

요즘은 찾아보기 힘들지만 예전 시골집 처마 밑에는 건초와 진흙이 섞여 만들어진 제비집이 있었습니다. 어미새가 먹이를 입에 물고 나타나면 제비집에서 기다리던 아기새들은 목을 길게 쭈욱~ 내밀고 입을 쩍쩍~ 벌리며 야단법석을 떱니다. 어미새는 먹이를 주고는 또다시 구하러 부리나케 나가죠. 제비는 몸길이가 20cm가 채 안 되는 참새목 제비과의 여름철 새입니다. 우리나라에는 주로 번식을 위해 찾아옵니다. 제비들은 보통 하나의 집을 짓고 해마다 같은 곳에 찾아와 집을 고쳐 사용한다고 하네요. 저희 집에 살던 제비 가족들은 올 여름을 어디서 보내고 있을까요?

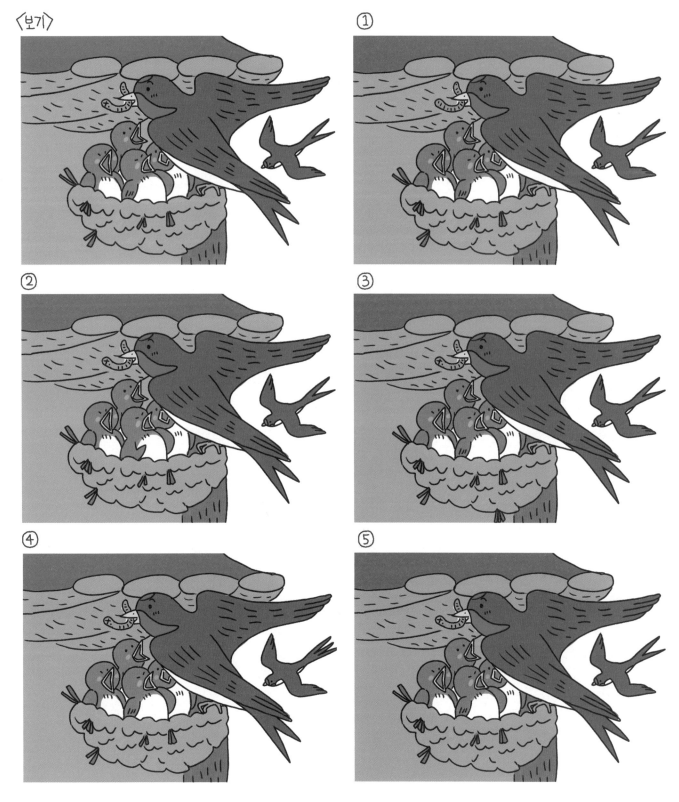

〈보기〉  ① ② ③ ④ ⑤

# 봉숭아물 사진 다른 부분 찾기

아래 사진에서 다른 부분 5개를 찾아 동그라미 하세요.

여름이 되면 봉선화로도 불리는 봉숭아꽃의 꽃잎과 잎을 따서 백반을 조금 넣어 돌로 짓이깁니다. 짓이긴 것을 손톱 크기로 둥글게 모아 손톱 위에 올려놓고 비닐을 씌운 다음 실로 움직이지 않게 단단히 묶어 둔 채 하룻밤을 지내죠. 다음 날 비닐을 벗기면 피가 안 통해 하얗게 된 손가락이 쪼글쪼글한 모양으로 모습을 드러냅니다. 쪼글쪼글해진 손가락은 몇 시간 지나면 원상태로 돌아오고, 처음에는 손톱 주위 전체가 주황에 가까운 다홍빛이지만, 점차 살부분에 물든 색이 빠져나가기 시작하면서 손톱만 집중적으로 색이 진해집니다. 자라나는 손톱을 깎다보면 점점 줄어드는 붉은 모양이 마치 보름달에서 그믐달로의 변화처럼 느껴지기도 했습니다.

# 봉숭아물과 첫눈 다른 그림 찾기

아래 그림에서 봉숭아물 들인 손가락이 다른 손을 찾아 그 번호를 쓰세요.     정답 : (          )

첫눈이 내리기 전까지 손톱에 봉숭아물이 남아 있으면 첫사랑이 이루어진다하죠. 어린 마음에 날이 추워지기 시작하면 손가락 끝에 머무른 봉숭아물이 첫눈 오기 전까지 남아 있기를 바랬던 기억이 나네요. 그러다 봉숭아물이 다 빠져갈 때쯤이면 손톱을 안 깎고 조심스럽게 기르기도 하고요. 혹시 봉숭아물을 들이면 수술할 때 마취가 안 된다는 이야기 들어본 적 있으신가요? 사실은 마취가 안 되는 것이 아니라 수술 도중 손톱을 통해 환자의 상태를 파악하기 어려운 경우가 생길 수 있다고 합니다. 하지만 환자 상태 파악을 위한 검사는 손톱 뿐만 아니라 발톱이나 귓불을 통해서도 가능하므로 봉숭아물을 들였다고 해서 크게 걱정할 필요는 없다고 하네요.

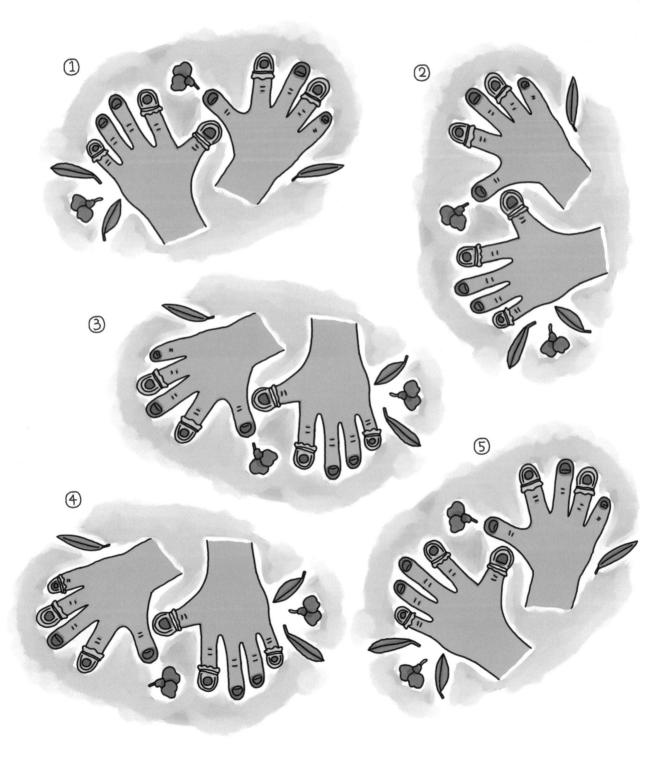

설탕 녹인 것에 소다 가루를 넣어 부풀려 먹는 과자, 일명 뽑기라고 하죠. 뜨거운 설탕 액체에 탄산수소나트륨을 넣으면 열에 의해 이산화탄소가 생기는데, 이것이 설탕 액체 속에 커다란 구멍을 뚫고 나가면서 덩치가 몇 배로 부풀어오릅니다. 그 부풀어오른 덩어리를 기름 바른 양철판 위에 뒤집어 떨어뜨린 뒤 납작한 도구로 넓적하고 동그랗게 누르면 뽑기는 완성 됩니다. 뽑기에 새겨진 별, 하트 등의 여러 문양을 깨지지 않은 상태 그대로 떼어내면 하나를 더 주었죠. 이를 위해 바늘 에 침을 묻혀가며 조각가의 심정으로 한땀 한땀 눌러서 모양을 떼어내던 고사리 손들이 떠오르네요.

# 남대문이 열렸다 같은 그림 찾기

〈보기〉와 모양이 같은 그림 1개를 찾아 그 번호를 쓰세요.        정답 : (          )

우리가 남자 바지의 앞쪽 지퍼가 채워지지 않았을 때 우스갯소리로 "너 남대문 열렸다!"라고 말합니다. 지퍼를 올리지 않은 당사자가 창피해 할 것을 염려한 배려에서 나온 말입니다. 왜 남대문인지에 대한 이야기는 분분하지만 옛날에 남대문은 사대문 중 가장 중요한 문이고 그 안으로 들어가면 국가의 중요 기관과 인물이 모두 있는데, 남자의 그 부분도 중요한 곳이라 남대문이 열렸다는 비유적 표현을 사용하게 됐다는 말이 왠지 설득력 있게 다가오네요.^^

※ 참고로 일본에서는 '社会の窓が開いている(사회의 창문이 열려 있다)'라고 합니다.

# 겨울철 교실 풍경 반전 다른 그림 찾기

아래 그림에서 다른 부분 5개를 찾아 동그라미 하세요.

해마다 겨울철이면 아련히 떠오르는 풍경이 있습니다. 삐걱거리던 나무 책상과 교실 한쪽의 낡은 풍금, 조개탄을 넣은 난로, 그 위에 놓여 있는 양은 도시락… 뜨거운 난로 위에 놓인 탓에 대부분의 도시락 바닥은 검게 변합니다. 점심시간까지 못 기다리고 도시락을 까먹는 친구가 꼭 있었죠. "아이쿠 냄새, 도시락 까먹은 놈 얼른 나와!!" 도시락검사가 시작되어도 요령 있게 속만 파먹은 그 친구의 도시락은 무사통과되곤 했지요.

보자기에 싼 양은 도시락을 가방에 넣고 학교에 가면 아무리 조심을 해도 덜렁덜렁 흔들리는 가방 탓에 반찬 국물이 흘러 책도 젖고 냄새도 가방에 배던 시절이 있었습니다. 어머니는 비밀 반찬으로 계란프라이를 밥 밑에 깔아주기도 하셨죠. 반찬으로 옛날소시지와 계란프라이 한 개 올린 도시락은 그야말로 최고의 점심이었습니다.

## 030번 문제

앞장의 사진을 떠올리며 맞는 쪽에 동그라미 표시하세요.

1. 도시락 뚜껑은 반쯤 열려 있다. ( 그렇다  아니다 )
2. 맨 위에 깨소금이 뿌려져 있다. ( 그렇다  아니다 )
3. 도시락 뚜껑 위에 젓가락이 놓여 있다. ( 그렇다  아니다 )
4. 소시지는 두 개 있다. ( 그렇다  아니다 )
5. 계란프라이 아래 김치 볶음이 있다. ( 그렇다  아니다 )

## 숫자놀이 스도쿠

**031**  가로, 세로, 굵은 선 안에 1에서 9까지의 숫자가 반복되지 않게 숫자 퍼즐을 완성하세요.

|   | 6 | 4 | 7 |   | 1 |   | 2 | 9 |
|---|---|---|---|---|---|---|---|---|
| 5 | 2 |   | 8 |   | 9 | 7 | 4 |   |
|   | 1 | 7 |   |   | 3 | 8 |   | 5 |
|   | 7 |   |   |   |   | 9 |   |   |
|   |   | 2 | 6 | 7 |   |   | 8 |   |
|   | 3 |   |   |   | 8 | 6 |   | 2 |
| 3 | 5 |   | 1 |   |   | 4 |   | 8 |
|   |   | 9 |   | 8 | 6 |   | 5 | 7 |
| 7 | 8 |   | 4 | 9 |   |   | 3 | 6 |

# 과일 숨은 단어 찾기

맛있는 과일 10개가 숨어 있어요. 숨어 있는 단어를 찾아보세요.

※ 단어는 가로, 세로, 대각선으로 그리고 똑바로, 거꾸로도 나열되어 있어요.

| 넛 | 코 | 코 | 파 | 애 | 거 | 마 | 앵 | 체 | 산 |
|---|---|---|---|---|---|---|---|---|---|
| 나 | 코 | 스 | 인 | 토 |   | 포 | 비 | 리 | 두 |
| 에 | 아 | 사 | 과 | 바 | 미 | 박 | 딸 | 바 | 암 |
|   | 이 | 더 | 김 | 수 | 도 | 바 | 레 | 이 | 지 |
| 아 | 언 | 파 | 맨 | 마 | 호 | 몬 | 러 |   | 파 |
| 스 | 타 | 고 |   | 주 | 곤 | 소 | 버 | 설 | 인 |
| 몬 | 망 | 플 | 즈 | 지 |   | 지 | 복 | 호 | 애 |
| 주 | 리 | 오 | 랜 | 렌 | 랜 | 숭 |   | 구 | 블 |
|   | 진 | 즙 | 소 | 오 | 아 | 시 | 마 | 가 | 마 |
| 마 | 노 |   | 고 |   | 딸 | 주 | 술 | 기 | 딸 |
| 귤 | 천 | 토 | 마 | 고 | 폴 | 란 | 동 | 송 | 송 |
| 리 | 향 | 코 | 다 | 틴 | 애 | 차 |   | 노 | 가 |
| 소 | 이 | 플 | 애 | 인 | 파 | 인 | 리 | 도 | 스 |

겨울엔 따뜻한 아랫목에 앉아 굴 까먹는 재미!

# 추리놀이 033 굴뚝 연기 규칙 찾기

〈보기〉의 굴뚝 연기들이 나열된 규칙을 찾아보고, 빈칸에 들어갈 번호를 쓰세요.

어머니가 아궁이에 불을 때서 밥을 하기 시작합니다. 굴뚝에서 하얀 연기가 피어오르면 시골 밥상의 구수한 냄새가 밖에서 신나게 뛰어놀던 아이들에게도 전해집니다. "강원아~ 밥 먹어라!" 온 가족이 밥상에 빙 둘러앉아 밥을 먹습니다. 김이 모락모락 피어오르는 국 한술 입에 넣고 음미한 후, 따뜻한 하얀 밥 위에 나물 하나 얹어 봅니다. 한 번은 김을 싸서 먹고, 또 한 번은 감자볶음에 먹고, 남은 밥은 국에 꼭꼭 말아서 김치와 함께 먹습니다. 찬은 많지 않아도 가족과 함께하는 끼니는 항상 따뜻하고 맛있었습니다.

정답 : 1. ㉠(        ) ㉡(        )
　　　　2. ㉠(        ) ㉡(        )

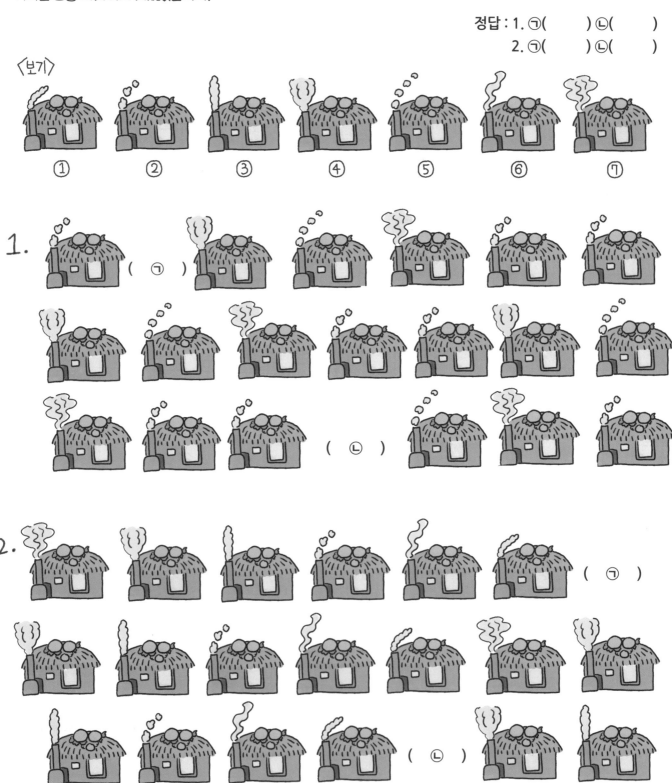

- 36 -

# 추억놀이 034 장독대 항아리 사진 다른 부분 찾기

아래 사진에서 다른 부분 5개를 찾아 동그라미 하세요.

예전에는 가정집마다 볕이 잘 드는 앞마당 한쪽에 돌을 쌓아 약간 높게 만든 장독대가 있었습니다. 맨 뒷줄에는 큰 독, 그 앞에는 중두리, 가장 앞줄에는 작은 항아리를 놓습니다. 가장 큰 독에는 간장을, 중두리에는 된장, 작은 항아리에는 고추장이나 장아찌류를 보관합니다. 볕이 좋을 때는 뚜껑을 열어 두고, 비가 올 것 같으면 장독대 뚜껑을 덮으러 부리나케 뜀박질을 해야 합니다. 밤새 내린 눈으로 장독대 항아리 뚜껑 위에 소복이 눈 모자가 올라가 있으면 그 모습은 영락없는 눈사람 가족이었답니다.

※ 중두리: 독보다 조금 작고 배가 부른 오지그릇의 한 가지.

- 37 -

# 고드름 같은 그림 찾기

<보기>와 모양이 같은 그림 1개를 찾아 그 번호를 쓰세요.          정답 : (          )

'고드름 고드름~ 수정고드름~♪ 고드름 따다가 발을 엮어서 각시방 영창에 달아놓아요♪'. '발'이란 무언가를 가리기 위해 가늘고 긴 줄 따위를 여러 개 나란히 늘어뜨려 놓은 물건을 말하고, '영창(影窓)'은 유리를 끼운 창, 즉 유리창을 말합니다. 각시가 고드름을 보고 기뻐할 것을 생각하며 서방님이 고드름 이벤트를 한 모양이네요. 어린 시절의 고드름은 깨끗해서 아이스크림처럼 쭉쭉 빨아먹기도 했습니다. 가장 큰 놈으로 골라서 "이얍~ 얍~" 칼싸움을 하기도 했구요. 시간이 지날수록 자연과 함께하는 놀이가 사라져가는 거 같아 아쉽네요.

〈보기〉

①

②

③

④

⑤

# 썰매 다른 그림 찾기

아래 그림에서 썰매를 타는 모습이 다른 그림을 찾아 그 번호를 쓰세요.

겨울이 되어 논이나 냇가가 꽁꽁 얼면 썰매를 들고 동네 아이들이 재잘재잘 모여듭니다. 앞에서 줄을 당겨 끌어주기도 하고, 뒤에서 씽~ 밀어주기도 하고, 잘 못 타는 동생을 앞에 태우기도 하고, 친구랑 누가 누가 빠르나 내기를 하기도 합니다. 칼바람의 추위도 아랑곳 않고 구르고 넘어지며 시간 가는 줄 모르게 놉니다. 그때 같이 놀던 친구들은 어디선가 잘 살고 있겠죠?

정답 : (                    )

# 오일장 반전 다른 그림 찾기

아래 그림에서 다른 부분 5개를 찾아 동그라미 하세요.

닷새(5일)마다 서는 시장을 오일장이라고 합니다. 보름(15일), 열흘(10일), 닷새(5일), 사흘(3일) 등 지역마다 장이 서는 간격이 일정하지 않았다가 조선후기에 들어서면서 오일장이 일반적인 형태로 자리잡았다고 하네요. 장에 가면 곡물, 채소, 고기, 과일, 술, 옷, 신발, 이불, 농기구에 이르기까지 진짜 없는 것이 없었답니다. 엄마의 손을 잡고 장에 가는 아침은 소풍 가는 날처럼 마음이 들뜨곤 했죠.

※ 하루-이틀-사흘-나흘-닷새-엿새-이레-여드레-아흐레-열흘… 보름… 그믐(달의 마지막 날)

# 연상 그림 **단어 알아맞히기**

<보기> 그림을 보고 연상되는 단어를 생각해 보세요.

**문제 1**

오늘따라 속이
우쩍 거시기 하오

뿡

초성 힌트!!

정답 : ⬜ ⭕ ⭕

**문제 2**

나를 무사히
통과할 수 있겠소?

얍!

정답 : ⭕ ⬜ ⭕

# 음식 **초성 단어 알아맞히기**

<보기> 안에는 음식 이름 10개가 있습니다. 초성을 보고 음식 이름을 알아맞혀 보세요.

※ (답은 몇 가지로 중복될 수 있습니다.)

<보기>

| ㅋㅋㅇ | ㅁㅋㄹ | ㄹㅁ | ㄴㄹㅈ | ㅅㅇㄷ |
| ㄱㅉㅈ | ㅊㅋ | ㅌㅅㅌ | ㄱㅅ | ㄱㅂ |

정답 : _____

_____

# 명절 귀성길 다른 그림 찾기

아래 그림에서 다른 부분 5개를 찾아 동그라미 하세요.

지금은 서울에서 지방까지 몇 시간이면 갈 수 있지만, 2000년대 이후 도로 확장과 역귀성객이 늘기 전까지 으레 명절이면 고속도로는 극심한 정체에 시달렸습니다. 평소 4시간이면 가던 고향길이 명절에는 서른 시간 이상 걸린 적도 있었답니다. 그때는 고향에서 친구를 만나면 첫 인사가 "너는 몇 시간 걸렸어?"이곤 했죠. 버스 안에서 하루를 넘게 보내던 시절… 그럼에도 팍팍한 도시살이를 잠시 접고 고향에 내려가 그리운 부모님과 고향 친구들을 볼 생각에 그 시간마저 설렘이었지요.

때때옷이라고도 하는 꼬까옷은 알록달록 곱게 만든 아이의 옷을 말합니다. 지금은 새 옷을 아무 때나 사서 입지만 예전에는 무슨 때가 되어야 새 옷을 입을 수 있었습니다. 특히 명절이 돌아오면 그때만은 물려받은 옷을 입지 않고 새 옷에 새 신을 신었습니다. 새 옷을 입으면 왠지 기분이 들뜨고 즐거워지죠. 새 옷을 입고 집 밖으로 나갈 때의 그 설레는 기분을 생각하면 지금도 저절로 입 꼬리가 올라갑니다.

041번 문제

앞장의 사진을 떠올리며 맞는 쪽에 동그라미 표시하세요.

1. 두 명의 여자가 머리 위로 하트를 만들었다. (그렇다 아니다)
2. 세 명의 여자가 머리에 댕기를 했다. (그렇다 아니다)
3. 두 명의 여자가 머리에 꽃장식을 했다. ( 그렇다  아니다 )
4. 호수에 돌다리가 있다. ( 그렇다  아니다 )
5. 한 명의 여자는 손가방을 어깨에 메고 있다. ( 그렇다  아니다 )

숫자놀이 **스도쿠**

**042** 가로, 세로, 굵은 선 안에 1에서 9까지의 숫자가 반복되지 않게 숫자 퍼즐을 완성하세요.

| 2 | 6 | 5 | 1 | 8 | 7 | 3 | 4 | 9 |
|---|---|---|---|---|---|---|---|---|
|   |   |   |   | 6 |   |   | 2 | 8 |
|   | 8 | 9 |   | 5 | 3 | 6 |   |   |
| 9 |   |   | 5 | 2 |   |   |   | 1 |
|   |   | 2 |   |   | 1 |   |   |   |
|   | 7 |   | 9 | 3 |   | 4 | 5 | 2 |
|   |   |   |   |   |   | 9 | 2 | 3 |
|   |   | 6 |   |   | 2 | 1 |   |   |
| 8 |   |   |   |   |   | 5 | 6 | 4 |

# 지란지교 그림자 찾기

&lt;보기&gt;와 같은 그림자를 찾아 그 번호를 쓰세요.  정답 : (          )

'지란지교(芝蘭之交)'란 지초와 난초같이 향기로운 사귐이라는 뜻으로, 친구 사이의 맑고도 고귀한 교제를 말합니다. '저녁을 먹고 나면 허물없이 찾아가 차 한 잔을 마시고 싶다고 말할 수 있는 친구가 있었으면 좋겠다. 입은 옷을 갈아입지 않고 김치냄새가 좀 나더라도 흉보지 않을 친구가 우리 집 가까이 살았으면 좋겠다… 그가 여성이어도 좋고 남성이어도 좋다. 나보다 나이가 많아도 좋고 동갑이거나 적어도 좋다. 다만 그의 인품이 맑은 강물처럼 조용하고 은근하며 깊고 신선하며 예술과 인생을 소중히 여길 만큼 성숙한 사람이면 된다…' 유안진의 &lt;지란지교를 꿈꾸며&gt;라는 이 시는 '친구'를 정의해 주는 느낌이 듭니다. 인생을 살면서 이런 친구를 한 명만 만나도 행복하지 않을까 하는 생각을 했죠.

# 자판기 커피 내용 일치 찾기

대화를 잘 들어보고, 문제의 답을 ( ) 안에 쓰세요.

삼백 원으로 주억 가득한 과거로의 소환, 자판기 커피입니다. 예전에는 백 원짜리 동전 몇 개만 있으면 서너 명이 한 잔씩 뽑아 들고 공원 벤치, 계단 등 걸터앉을 만한 곳이면 그곳이 어디든 바로 카페가 되었죠. 설탕과 프림이 들어가 지금 마시면 조금은 텁텁하기도 한 자판기 커피가 그때는 왜 그리 맛있었을까요? 특히 비가 오거나 추운 날에 따뜻한 종이컵을 두 손으로 움켜쥐고 후후~ 불어 마시던 자판기 커피는 그야말로 최고였습니다. 오늘은 마음 맞는 친구와 공원 벤치에서의 믹스커피타임 어떠세요? 어렸을 때 이야기를 도란도란 나누면서요.

**문제:** 주문한 음료를 맞게 마신 사람의 이름을 쓰세요.

민정 - 코코아
성민 - 밀크 커피
차차장 - 카페오레
최이사 - 우유
정대리 - 설탕 커피
박과장 - 율무차
신대리 - 프림 커피
영식 - 카페오레

정답 : ( )

- 46 -

동전을 여러 개 준비해서 전화를 하러 가던 시절이 있었습니다. 뚜~뚜~ 안 받으면 어쩌지, 그냥 끊을까 조마조마 기다리다 "여보세요!" 하는 목소리가 수화기 너머로 들려오면 얼마나 반갑던지요. 동전 넣고 전화하던 공중전화부터 다양한 디자인의 카드를 사용하던 카드공중전화, 문자 왔어~ 삐삐, 큼직한 시티폰, 주억의 번호 011, 016, 017, 018, 019, 폴더폰, 2G폰, 스마트폰… 전화기와 함께 했던 잊지 못할 주억들이 주마등처럼 스쳐가네요.

## 045번 문제

앞장의 사진을 떠올리며 맞는 쪽에 동그라미 표시하세요.

1. 빨간색 공중전화기다. ( 그렇다  아니다 )
2. 동전을 넣는 공중전화기다. ( 그렇다  아니다 )
3. 전화기에 금연 스티커가 붙여져 있다. ( 그렇다  아니다 )
4. 긴급통화 스티커 위에 있는 버튼 색깔은 파란색이다. ( 그렇다  아니다 )
5. 숫자 버튼의 '0' 숫자가 지워져 있다. ( 그렇다  아니다 )

기억해보자!

## 추억놀이 046 옛날 교복 다른 그림 찾기

아래 교복을 입은 학생 커플 중에 다른 모습의 커플을 찾아 동그라미 하세요.

영화 <클래식(2003)>을 보면 1968년 배경 장면에서 주희(손예진)와 준하(조승우)가 교복을 입고 나옵니다. 하얀카라의 여학생 교복과 검정색 차이나카라의 남학생 교복. 예전 교복과 교련복은 경제사정이 넉넉치 않은 탓에 하나를 구입하여 내내 입히는 경우가 많았습니다. 그러다 보니 입학 당시 자기 몸보다는 큰 교복을 구입하여 입었지만, 키가 많이 자라다 보니 손목과 발목 한참 위로 올라오는 교복을 입고 다니기도 했습니다. 요즘은 곳곳에 옛날 교복을 체험할 수 있는 곳이 생겨 직접 교복을 입고 주억의 문방구도 들어가보고, 보글보글 추억의 오락게임도 해보면서 잠시나마 옛날 감성을 느껴볼 수 있게 됐죠.

# 편지 다른 부분 찾기

아래 사진에서 다른 부분 5개를 찾아 동그라미 하세요.

그동안 모아놓은 편지상자가 창고에 있습니다. 이사를 갈 때 한 번씩 꺼내서 읽어보면 그때마다 새롭습니다. 친구의 글도 그때의 나의 생각들도요. 예전에는 편지가 우리 삶에 많은 역할을 담당했습니다. 마음을 전하기도 했지만 편지를 쓰면서 자연스럽게 글씨체나 맞춤법을 고치기도 했죠. 친구가 멀리 전학을 가면 주소를 받아 편지를 주고 받기도 하고, 전근가신 선생님께도 안부 편지를 썼습니다. 국군의 날에는 국군아저씨께 편지 쓰기도 했었네요. 옆에 있는 친구끼리도 편지를 주고 받았습니다. 말로 하기 힘든 부분을 글로 전하기도 하고, 책을 읽다가 마음에 와닿는 구절이 있으면 전하기도 하고요. 잘 모르는 사람과 펜팔(Pen pal)을 하기도 했죠. 그 시절 편지를 주고 받던 친구들과 얼굴도 모르는 제 펜팔 친구들은 어디서 무엇을 하고 지낼까요?

## 단어놀이 048 연상 그림 단어 알아맞히기

그림을 보고 연상되는 단어를 생각해 보세요.

문제 1

아니! 이게 뭐지?

초성 힌트!!

정답 : ◯ ㅅ ◯

문제 2

난 자상한 무가 아닌가봐 ㅠ.ㅠ

정답 : ◯ ㄸ ◯

## 단어놀이 049 과자 초성단어 알아맞히기

<보기> 안에는 과자 이름 10개가 있습니다. 초성을 보고 과자 이름을 알아맞혀 보세요.

※ (답은 몇 가지로 중복될 수 있습니다.)

〈보기〉

| ㅅㅇㄲ | ㄲㄲㅋ | ㄱㅈㄲ |
| ㅊㅋㅍㅇ | ㄱㄱㅁㄲ | ㅎㄹㅂ |
| ㅇㅍㄹ | ㅍㅌㅌㅊ | ㅃㅅㅃㅅ |

정답 : _____

_____

_____

# 친정엄마표 택배 다른 사진 찾기

아래 사진에서 다른 하나를 찾아 그 번호를 쓰세요.  정답 : (          )

친정엄마표 택배. 엄마는 김장할 때는 물론 마늘, 옥수수, 감자, 고구마를 캘 때, 쌀이나 고추장이 떨어져갈 때 어김없이 택배를 보내옵니다. 택배의 무게가 장난 아니게 무거운지라 우체부 아저씨가 기억하고 어머님이 택배 보내셨네요~ 하고 먼저 말을 걸어올 정도입니다. 택배 안에는 늘 채소들이 감당하기 힘들 정도로 많이 들어 있어서 삶아 냉동실에 넣거나 해서 부지런히 정리를 해야 합니다. 소주병에 담긴 참기름, 페트병에 담은 볶은 깨, 봉지에 싼 검정콩, 얼린 떡국떡, 다듬어진 멸치, 과일까지 택배에는 항상 예상치 못한 것까지 담겨 있을 경우가 많습니다. 박스가 항상 모자란다며 투덜거리며 바리바리 싸서 보내주는 엄마의 택배를 언제까지 받을 수 있을까요? 어마어마한 양의 택배를 정리하면서 살짝 귀찮은 마음이 들었던 마음이 부끄럽기만 합니다.

①

②

③

④

⑤

⑥

# 탁구계의 전설 다른 부분 찾기

**추억놀이 051**

아래 그림에서 다른 부분 5개를 찾아 동그라미 하세요.

대한민국이 탁구의 매력에 푹 빠진 적이 있었습니다. 86아시안게임, 88서울올림픽 때 환상의 콤비를 보여준 양영자, 현정화 선수와 유남규 선수가 금메달을 땄던 시기였습니다. 세계 최강 중국과 대등한 경기를 펼쳐 여러 종목에서 금메달을 획득했으니까요. 특히 현정화 선수가 88서울올림픽 여자 복식 결승전에서 다섯 살 위 양영자와 함께 중국의 자오즈민-첸 징 조를 꺾고 금메달을 따낼 때는 정말 짜릿했습니다. 힘든 고비마다 외치는 현정화 선수의 "파이팅!" 구호! 살아가면서 힘든 고비가 올 때마다 끝까지 꺾이지 말자는 의미에서 현정화 선수의 "파이팅!" 구호를 외쳐 봅니다.

# 천하장사 다른 부분 찾기

아래 그림에서 다른 부분 5개를 찾아 동그라미 하세요.

어린 시절부터 추석명절에는 항상 씨름 방송을 했습니다. 어렴풋한 기억 속엔, 대단한 기술과 함께 천하장사 타이틀을 차지했던 이만기에 비해 투박했던 이봉걸을 응원했던 어린 시절과, 씨름을 하다가 코피까지 흘리던 강호동의 신인시절 등이 TV 속 씨름의 이미지로 남아 있습니다. 당시 장충체육관에 가셨던 분은 그 신명나는 분위기를 만끽하셨을 겁니다. 이만기, 이봉걸, 이준희 그리고 강호동까지. 예전의 인기에 못 미치는 지금의 씨름이 언젠가는 예전의 명성을 되찾겠지요?

# 삼미 슈퍼스타즈 다른 그림 찾기

아래 그림에서 로고의 모습이 다른 그림을 찾아 그 번호를 쓰세요.

1982년에 창단한 삼미 슈퍼스타즈는 최초의 인천 연고 구단이었습니다. KBO리그의 원년 6개 구단 중에서 가장 우여곡절 끝에 탄생한 팀이었고 3시즌 반이라는 길지 않은 역사를 보내면서 오늘날까지 초라한 성적으로 회자되고 있습니다. 팀명은 악의 무리로부터 지구를 지키는 슈퍼맨에서 따온 슈퍼스타즈인데 정작 1982년 프로야구 개막전에 등장한 것은 치어리더 원더우먼이었다고 합니다. 당시는 여성이 피켓을 들고 나오는 게 상식이었기 때문에 슈퍼맨과 동급 내지는 동료로 인식되는 원더우먼이 대신 참석한 것이라고 하네요.

정답 : (                    )

# 숫자놀이 스도쿠

**054**

가로, 세로, 굵은 선 안에 1에서 9까지의 숫자가 반복되지 않게 숫자 퍼즐을 완성하세요.

| | | | | | | | 3 | | 5 |
|---|---|---|---|---|---|---|---|---|---|
| 2 | | 4 | | 3 | | | | 9 |
| 5 | | 7 | | 6 | 8 | 1 | | 4 |
| | 2 | 3 | | | 7 | | | |
| | 5 | | 3 | 9 | | 7 | | 8 |
| | | 1 | | | 6 | 5 | 3 | |
| 1 | | | 4 | | 3 | 9 | | |
| 9 | | 2 | | 1 | 5 | | 6 | |
| 3 | 7 | 5 | | | | | 2 | 4 |

# 단어놀이 연예인 초성단어 알아맞히기

**055**

〈보기〉 안에는 연예인 이름 10개가 있습니다. 초성을 보고 연예인 이름을 알아맞혀 보세요.

※ (답은 몇 가지로 중복될 수 있습니다.)

〈보기〉

| ㅇㅈㅅ | ㅇㅂ | ㅅㅌㅈ | ㅈㅈㅇ | ㄱㅅㅁ |
| ㄱㄱㄹ | ㄱㅎㄷ | ㅅㅈㅎ | ㅇㅎㅇ | ㅇㅅㅎ |

정답 :

# 전원일기 (1980) 다른 부분 찾기

아래 그림에서 다른 부분 5개를 찾아 동그라미 하세요.

양촌리 마을 회장 최불암, 아내 김혜자, 김회장댁 장남 김용건, 맏며느리 고두심, 둘째 유인촌, 둘째 며느리 박순천, 일용엄마 김수미, 일용이 박은수, 그리고 수많은 양촌리 마을 식구들… 1980년부터 2002년까지 MBC에서 방영한 대한민국 TV 드라마 최장수 작품으로 총 1088회에 걸쳐 방영했습니다. 양촌리 마을을 배경으로 마을 유지인 김회장네 집과 복길네로 대표되는 이웃들의 이야기가 옴니버스 식으로 그려지는 드라마입니다. 푸근한 고향의 인심이 주는 진한 향수와 감동을 주었죠. 주요 배경인 양촌리는 경기도 양주시 장흥면의 실제 마을을 배경으로 했는데 지금은 재개발로 드라마 속의 모습은 사라졌다고 하네요. 요즘도 케이블 방송에서 간간이 방영을 해주고 있는데 어르신층에서는 꽤나 높은 시청률을 보인다고 합니다.

# 수사반장 (1971) 같은 그림 찾기

아래 그림에서 다른 부분 5개를 찾아 동그라미 하세요.

"동지들을 다 보냈습니다. 제가 맡은 역이 반장이었는데, 형사들이 모두 떠난 셈이 됐군요. 홀로 살아있으니 마음이 더 아픕니다. 앞서 간 배우들이 대개 나의 후배들이라서 가슴이 더 저려요."

2015년 8월에 김상순님이 우리 곁을 떠나자 최불암님이 한 인터뷰입니다. 1971년 3월부터 1989년 10월까지 20년 880회를 거치며 오랜 사랑을 받았던 형사 드라마 <수사반장> 기억나시나요? 안타깝게도 수사반장의 형사 4인방인 김상순(김형사), 김호정(서형사) 남성훈(남형사), 조경환(조형사) 님은 우리 곁을 떠나고 없지만, 영원히 팬들의 마음속에 남아 있을 겁니다.

①

= ◯ ◯ ⓼

⑤

= ⓜ ◯ ⓽ ◯

② 

= ◯ ⓟ

⑥

= ⓟ ⓼ ⓞ ⓒ

③

= ◯ ◯

⑦ 

초성 힌트!!

= ⓣ ⓖ ⓼ ⓡ

④

= ⓞ ⓖ ⓙ

⑧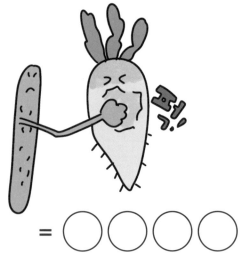

= ◯ ◯ ◯ ◯

# 대추나무 사랑 걸렸네 (1990) 다른 사진 찾기

아래 그림에서 다른 사진을 찾아 그 번호를 쓰세요.

전원드라마인 <대추나무 사랑 걸렸네>는 1990년 9월 9일 시작해서 17년 동안 852부작으로 방송한 KBS 최장수 프로그램으로, <전원일기>와 더불어 농촌의 정서와 시대상을 잘 반영해서 인기를 끌었습니다. 김포에서 떡방앗간과 논농사를 함께 하는 황놀부(김상순) 식구들의 이야기를 담고 있습니다. 출연진도 화려했습니다. 김무생, 김성겸, 백일섭, 박인환, 윤미라 등 중견 탤런트를 중심으로, 고현정, 조민수, 조재현, 손현주 등이 <대추나무 사랑걸렸네>로 데뷔하거나 이름을 알렸다고 합니다. 황놀부의 '이런 얼어죽을…'이라는 말이 유행어가 되기도 했습니다.

정답 : (　　　　　　)

①

②

③

④

⑤

⑥

# 한지붕 세가족 (1986) 알맞은 그림 찾기

<문제>의 설명을 보고 순돌이 엄마를 찾아서 동그라미 하세요.

가장 먼저 순돌이네 가족이 떠오르는 <한지붕 세가족>. 1986년 11월부터 1994년 11월까지 방영된 MBC 일요아침드라마로, 서울을 배경으로 이웃들이 서로 갈등하고 화해하면서 평범하게 살아가는 이야기를 담은 코믹 홈드라마입니다. 8년이 넘는 기간 동안 150여 명의 연기자가 거쳐 갔다고 합니다. 임현식, 박원숙, 심양홍, 현석, 강남길, 최주봉 등은 서민 연기자의 대표적 인물로 부각되었고 전국민의 인기를 얻었죠. 심은하, 김혜수, 차인표, 한석규, 감우성, 김원희 등이 신인 시절 거쳐 갔던 드라마로도 유명합니다.

**문제:** 순돌이 엄마는 앞치마를 하고 있습니다. 순돌이 엄마는 생선을 들고 있는 사람의 옆에 있습니다. 순돌이 엄마는 꽃무늬 원피스를 입은 사람과 대각선에 있습니다. 순돌이 엄마는 반팔티셔츠 입은 사람의 대각선에 있습니다.

# 서울 뚝배기 (1990) 사진 기억하고 문제 풀기

20초 간 사진을 유심히 보고 뒷장에 있는 문제를 풀어 보세요.

<서울 뚝배기>는 1990년대 최고의 시청률을 기록한 드라마로, 가업으로 3대째 내려오는 전통의 설렁탕 맛을 고집스럽게 지켜오는 강사장(오지명)의 장인의식, 그리고 그 주변 종업원들의 파란만장한 삶과 사랑을 웃음과 해학을 통해 보여준 드라마입니다. 주현, 오지명, 서승현, 최수종, 도지원, 김애경, 김성녀, 길용우 등이 열연을 하면서 화제를 낳았습니다. 특히 종업원 역을 맡은 주현 씨의 "∼걸랑요"와 마담역 김애경 씨의 "실례합니다∼" 하는 특유의 코맹맹이 소리가 장안의 유행어가 되었습니다. 현실은 누구나 외롭고 피곤하지만 우리가 이웃에 대한 따뜻한 사랑과 연민을 잃지 않는 한, 인생은 아름답다라는 것을 이 드라마를 통해 보여주고 있습니다.

## 추억놀이 062 아들과 딸 (1992) 다른 그림 찾기

아래 훌라후프를 하는 여자들 중에서 다른 모습을 모두 찾아 동그라미 하세요.

한때 <아들과 딸>의 영향으로 집집마다 훌라후프를 돌리던 시절이 있었습니다. 1992년 10월 시작한 <아들과 딸>은 남아선호사상이 깊게 뿌리내린 집에서 태어난 이란성 쌍둥이 이야기를 담고 있습니다. 이름부터 귀할 귀(貴)를 쓴 귀남(최수종)과 동생을 아들로 보라는 의미로 지은 후남(김희애)이 한 날 한 시에 태어났지만 아들은 어머니의 보살핌을 받으며 귀하게, 딸은 철저히 외면받고 자랍니다. 종반부에 후남이 자상하고 든든한 지지자 석호(한석규 신인시절)를 만나 결혼하고 소설가로도 성공하여 가족들과 화해하는 감동적인 결말로 끝나는 이 드라마는 60%대의 높은 시청률을 기록했습니다. 특히 아버지 백일섭은 술이 얼큰하게 취해 '홍도야 우지마라~ (박수를 쳐주고 한 발을 들어올리면서) 아 글씨~ 오빠가 있다~'라고 엇박으로 불러서 더 구수함을 줬죠. 동생인 종말(곽진영), 종말의 연인 한봉팔(윤철영), 귀남을 끈질기게 쫓아다니다 결혼까지 한 성자(오연수), 후남이 펜팔친구 안미현(채시라), 미장원을 하는 그녀의 어머니(고두심), 이모(선우은숙)까지 각각의 캐릭터의 삶의 무게를 잘 보여주는 드라마였습니다.

# 서울의 달 (1994) 숨은 그림 찾기

달동네의 모습을 담은 사진에서 '고양이'를 찾아 몇 마리인지 적어 보세요.

'아무래도 난 돌아가야겠어 / 이곳은 나에게 어울리지 않아 / 화려한 도시 속에서 웃고 있지만 / 모든 것이 낯설기만 해'. 서울 생활이 답답할 때 무심코 흥얼거리게 되는 이 노래는 <서울의 달>의 OST입니다. <서울의 달>은 여자를 등쳐 먹어서라도 성공하고픈 제비 김홍식(한석규)과 그에게 사기를 당하고 우여곡절 끝에 같은 방에서 지내게 된 순박하고 고 지식한 고향친구 박춘섭(최민식), 춘섭의 짝사랑을 받지만 홍식을 사랑하게 되는 콧대 높은 깍쟁이 차영숙(채시라)을 중 심으로 서울 달동네 사람들의 애환을 담은 드라마입니다. 서울 태생이든 지방 태생이든 달동네에서 살지만 언젠가는 부 자가 되어 번듯하게 잘살고 싶다는 염원은 그때나 지금이나 다 한결같은 것 같습니다. 제비 춤선생(김용건)과 제자 천호 달(김영배)이 후배제비 한석규에서 알기 쉽게 스텝 밟는 법을 가르쳐 주는 장면에서 나오는 '서울, 대전, 대구, 부산 찍고 돌리고~'는 흥이 있는 리듬으로 큰 유행을 했었죠.

정답 : (                    )

# 모래시계 (1995) 같은 그림 찾기

<보기>와 모양이 같은 그림 1개를 찾아 그 번호를 쓰세요.     정답 : (          )

<모래시계> 하면 떠오르는 대사는 "나 떨고 있니?"지요. 순간 시청률이 74.4%에 이르렀다는 이 대사는 태수가 사형장에서 담당검사인 우석에게 건네는 말이었지요. 이 드라마는 10.26 사건 시기 박정희 사망 후 5.18 민주화운동, 삼청교육대, YH 사건 등 암울한 80년대 시대 상황을 현실적으로 그린 드라마입니다. 당시 <모래시계>의 인기는 실로 대단했습니다. 직장인들이 모래시계를 보기 위해 일찍 퇴근해서 거리와 술집이 텅텅 비었다고 하죠. 심지어 모래시계가 방영하는 날에는 직장에서도 야근이나 회식이 중지되었다고 합니다. 주인공 박태수(최민수), 강우석(박상원), 윤혜린(고현정)은 물론 경호원 백재희(이정재)도 대사가 없는 역할을 멋지게 소화해 내서 큰 인기를 끌었습니다.

〈보기〉

①

②

③

④

⑤

# 라면 이름 초성 단어 알아맞히기

초성을 보고 라면 이름을 알아맞혀 보세요.

〈예시〉 ㅅ ㄹ ㅁ
신 라 면

국물이 땡길 땐 라면이지!

① ㅇ ㅈ ㅇ 짜 ㅃ
_____

② ㅁ ㅊ ㅋ ㄱ ㅅ
_____

③ ㅍ ㄷ ㅂ ㅂ ㅁ
_____

④ ㅅ ㄹ ㄱ ㅌ ㅁ
_____

⑤ ㅂ ㄷ ㅂ ㅇ ㅁ
_____

⑥ ㄴ ㄱ ㄹ ㄹ ㅁ
_____

⑦ ㅇ ㅅ ㅌ ㅁ
_____

⑧ 짜 ㅍ ㄱ ㅌ
_____

⑨ ㄴ ㅈ ㄹ ㅁ
_____

⑩ ㅌ ㅅ ㄹ ㅁ
_____

# 암행어사 (1981) 같은 그림 찾기

<보기>와 모양이 같은 그림 1개를 찾아 그 번호를 쓰세요.     정답 : (                    )

"암행어사 납시오~!" 지방관의 부정부패가 하늘을 찌를 때 왕의 명을 받고 자신의 신분을 숨기고 있다가 마패를 내밀며 통쾌하게 외치는 장면 기억하시죠? 1981~1984년까지 MBC에서 방영한 <암행어사>는 암행어사 역에 이정길, 방자 갑봉이 역에 임현식, 그리고 무사 상도 역에 안호해가 멋진 연기를 펼쳐 장안의 화제를 불러왔죠. 소재도 다양해서 탐관오리 뿐만 아니라 도적, 왜구, 청나라 상인 등 다양한 상황과 인물들이 등장했습니다. 암행어사가 악당들에게 곧 당할 것 같은 위급한 장면을 보면 '상도가 빨리 나와야 하는데 어디 있지?' 하고 초조하게 지켜보던 기억이 납니다.

<보기>

①

②

③

④

⑤

# 대장금 (2003) 사진 기억하고 문제 풀기

20초 간 사진을 유심히 보고 뒷장에 있는 문제를 풀어 보세요.

장금   : 홍시입니다. 설탕이 아니고 홍시입니다.

정상궁 : 어찌 홍시라 생각하느냐?

장금   : 예? 저는 제 입에서 고기를 씹을 때 홍시 맛이 났는데, 어찌 홍시라 생각했느냐 하시면,
         그냥 홍시맛이 나서 홍시라 생각한 것이온데.

정상궁 : 호오! 타고난 미각은 따로 있었구나!
         그렇지! 홍시가 들어 있어 홍시 맛이 난 걸 생각으로 알아내라 한, 내가 어리석었다.

어린 장금의 '홍시'는 명대사, 명장면으로 뽑히죠. <대장금>은 주인공 장금이가 궁궐에 들어가 최초의 의녀가 되기까지 의 과정을 그려낸 드라마입니다. '오나라~ 오나라~ 아주오나 / 가다라~ 가다라~ 아주가나'로 시작하는 주제곡 <오 나라>도 많은 사랑을 받았죠. 이란에서는 전국민이 다 봐서 시청률 90%가 나왔고 전해지며, 아시아, 중남미에서도 한 국드라마 물결을 일게 한 일등공신이라고 합니다.

067번 문제

앞장의 사진을 떠올리며 맞는 쪽에 동그라미 표시하세요.

1. 꼭지가 달린 감이 보인다. ( 그렇다  아니다 )
2. 감은 모두 똑바로 가지런히 놓여 있다. ( 그렇다  아니다 )
3. 모두 8개의 감이 있다. ( 그렇다  아니다 )
4. 감 주변에 단풍잎 5장과 은행잎 1장이 있다. ( 그렇다  아니다 )
5. 감은 체크무늬 천 위에 올려져 있다. ( 그렇다  아니다 )

## 단어놀이 068 난센스 그림 알아맞히기

그림을 보고 연상되는 말이나 단어를 알아맞혀 보세요.

**문제 1**

정답 : ☐ ◯ ☐ ◯

**문제 2**

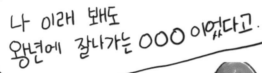

정답 : ◯ ◯ ◯

# 전설의 고향 (1977) 다른 그림 찾기

아래 그림에서 다른 부분 5개를 찾아 동그라미 하세요.

1977년부터 2009년까지 KBS에서 방송된 <전설의 고향>은 고전 호러 드라마로 납량특집 드라마의 원조격으로 볼 수 있는 작품입니다. 많은 전설을 다루었지만 그중에서도 박달산 덕대골 전설 이야기인 '내 다리 내놔'는 정말 레전드급이었죠. 덕대라는 말은 옛날에 부모보다 먼저 죽은 사람을 일정한 장례 절차 없이 대충 묻었던 무덤을 뜻한다고 합니다. 전설에 따르면 남편이 병들어 오랫동안 누워 있는 부인에게 스님이 조언을 합니다. '박달산 골짜기에 있는 덕대골에 장사 지낸 지 3일이 안 된 시체의 다리를 잘라 끓여 남편에게 먹이면 병이 낫는다'고 말입니다. 이에 부인은 덕대골을 찾아가 시체의 한쪽 다리를 잘라내는데, 갑자기 시체가 벌떡 일어나 "내 다리 내놔" 하며 부인을 쫓아오죠. 천신만고 끝에 집에 도착한 부인은 팔팔 끓는 가마솥에 시체 다리를 집어넣습니다. 그러자 집까지 쫓아왔던 시체는 그 자리에서 푹 쓰러졌고, 끓인 다리를 먹은 남편은 깨끗이 병이 나았다고 합니다. 다음 날 보니 시체는 산삼이었고, 시체의 다리는 산삼의 한쪽 뿌리였다고 하네요.

# 장학퀴즈 (1973) 단어 알아맞히기

<퀴즈>를 풀어보세요. 모두 '장학퀴즈'에는 나왔을 리 없는 난센스 퀴즈입니다. ^^

'빠∾빠 빠∾빠 빰빰빰빰빠∾' 하이든의 트럼펫 협주곡은 시그널 음악과 함께 <장학퀴즈>는 1973년 2월 18일 방송을 시작하여 '30년'이라는 한국 방송사상 최장수 방송 기록을 세우며 꾸준한 사랑을 받았습니다. 주장원, 월장원, 기장원, 연장원으로 나누어져 당시에는 엄청 큰 금액을 상금으로 제공했었죠. 어쩌다 장학퀴즈의 본선에 진출하게 되어 TV에 나오게 되면 가문의 영광이자 동네에 플래카드가 나부낄 정도의 큰 영광이었습니다. ^^ 장학퀴즈의 유명한 아나운서로 차인태-손석희-김완태 등 총 16명의 MC가 활약을 했고, 그래도 중년층의 머리속에는 '차인태의 장학퀴즈'로 새겨져 있습니다.

퀴즈 ①

**군만두를 영어로 하면?**

( 정답: _____ )

퀴즈 ②

**미소의 반대말은?**

( 정답: _____ )

퀴즈 ③

**정사각형의 동생 이름은?**

( 정답: _____ )

퀴즈 ④

**신발이 화를 내면?**

( 정답: _____ )

# 추억놀이 071 지붕 뚫고 하이킥 (2009) 다른 그림 찾기

하이킥은 태권도가 최고죠. <보기>와 다른 그림을 찾아 번호를 쓰세요.     정답 : (          )

국민 시트콤 <지붕 뚫고 하이킥>은 시청률 25%를 기록하며 전 연령층에게 따뜻한 웃음을 선사했습니다. 해리의 '빵꾸똥꾸'가 남녀노소에게 사랑을 받았죠. 이 시트콤은 산골에서 살던 세경 자매가 빚때문에 아빠와 헤어지고 식품회사를 하는 성북동 순재네 가족에 입주도우미로 들어가면서 생긴 에피소드를 담고 있습니다. 순재네 가족 외에도 순재와 연인관계인 자옥의 하숙집 이야기도 등장하고요. 정보석, 오현경과 같은 중견배우의 활약이 뛰어났고, 황정음, 신세경, 윤시윤, 유인나, 이광수, 최다니엘, 줄리엔 강, 진지희, 서신애 등 많은 신인 스타를 발굴해 내기도 했습니다. 돌이켜보면 그 당시에는 <남자 셋 여자 넷(1996)>, <순풍산부인과(1998)>, <웬만해선 그들을 막을 수 없다(2000)>, <세 친구(2000)> 등 아무 생각 없이 깔깔깔 웃을 수 있는 시트콤이 참 많았는데 요즘은 이런 유쾌한 시트콤이 없어서 아쉬움이 남네요.

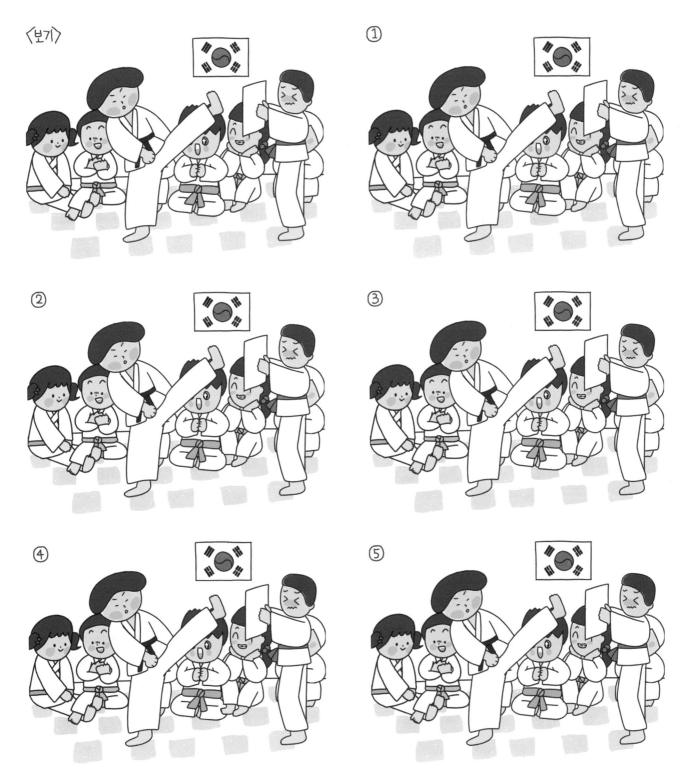

주억의 만화 캔디. 우리나라에서는 1977년에 MBC에서 <캔디>라는 제목으로 방영되었다가, 1983년 <들장미 소녀 캔디>라는 이름으로 재방영되어 큰 인기를 얻은 미즈키 쿄코 원작의 애니메이션입니다. 20세기 초 미국 중남부와 영국을 무대로, 매사에 밝고 긍정적인 고아 소녀 캔디가 주변 사람들의 편견과 고달픈 생활 속에서도 용기를 잃지 않고 성장해 가는 내용입니다. 캔디를 보셨던 여러분은 자상한 안소니, 야성미 넘치는 테리우스, 안정감이 느껴지는 알버트 중 누가 마음에 들었나요?

일요일 아침 8시 '기차가 어둠을 헤치고∼♪'로 시작하는 주제곡이 울리면 철이가 영원한 생명을 얻으러 가는 여행이 시작됐습니다. 마쓰모토 레이지(松本零士)는 <은하철도 999(銀河鉄道999)> 제작 동기에 대해 "나약한 인간을 버리고 강인한 기계 인간이 되기 위해 떠나는 여행을 통해 역설적이게도 인간이 가진 나약함의 위대함과 성장에 대해 이야기하고 싶었다."라고 말했다고 합니다. 어린 마음에도 철이가 영원한 생명을 가진 기계인간이 되는 것보다는 그냥 인간이기를 바랬던 기억이 납니다. <은하철도999>를 설명할 때 마쓰모토 레이지가 창작한 만화를 원작으로 하는 '레이지버스 애니메이션'이라는 말을 합니다. 여기서 '레이지버스'는 대부분의 작품이 서로 이어지는 '마쓰모토 레이지 작품의 세계관'을 일컫는 말입니다. 나중에 나온 <천년여왕>도 메텔의 어머니 이야기랍니다.

073번 문제

앞장의 사진을 떠올리며 맞는 쪽에 동그라미 표시하세요.

1. 승객들이 막 기차를 타고 있다. ( 그렇다  아니다 )
2. 아기를 업은 여자가 걸어간다. ( 그렇다  아니다 )
3. 청치마를 입고 걸어가는 여자가 있다. ( 그렇다  아니다 )
4. 녹색 표지판에 숫자 11이 적혀 있다. ( 그렇다  아니다 )
5. 열차 정면에 열차 운전석이 보이는 창문은 하나다. ( 그렇다  아니다 )

기억해보자!

## 단어놀이 074 난센스 그림 알아맞히기

그림을 보고 연상되는 단어를 생각해 보세요.

### 문제 1

우리 중학교가 제일 느린 중학교야 …

학교 이름이 뭔데?

정답 : ㄹ ㄷ ㅈ

초성 힌트!!

### 문제 2

이 오리는 ○○○이거든

오리를 왜 안 익히고 먹어?

정답 : ㅎ ○ ○

# 알프스 소녀 하이디 (1976) 다른 그림 찾기

하이디가 살고 있을 것 같은 알프스 마을 사진에서 다른 부분 5개를 찾아 동그라미 하세요.

'푸른 계곡 알프스에 / 풀내음 향기롭고 / 할아버지 깊은 사랑 / 가슴 속에 고여 있네 / 산새랑 요제프랑 / 뛰노는 꼬마 천사 / 레이오 레이오 루∿ / 레이오 레이오 루∿ / 귀여운 소녀♪'. 어렸을 때 이 주제가를 부를 땐 버릇처럼 '귀여운 소녀∿' 뒤에 꼭 '하이디'를 붙여서 부르곤 했습니다. 꺄르르∿ 웃으며 초원 위를 뛰어다니던 밝고 순수한 하이디. 애니메이션을 보면서 알프스에 가보고 싶다는 생각을 하신 분도 많으시죠? <알프스 소녀 하이디>는 스위스 아동문학가 요한나 슈피리의 동화를 원작으로 1974년 일본에서 제작됐습니다. 하이디는 대자연 알프스에서 할아버지와 살다가 병약한 몸이라 걸을 수 없었던 클라라의 말동무가 되기 위해 도시로 갑니다. 클라라는 하이디 덕에 건강을 회복하게 되지만, 하이디는 향수병에 걸려 결국 다시 할아버지 집으로 돌아오게 되죠. 걷지 못하던 클라라가 알프스로 와서 하이디와 목동 피터의 도움으로 다시 걷게 되는 장면은 정말 감동적이었습니다.

# 로보트 태권 V (1976) 같은 그림 찾기

<보기>와 모양이 같은 그림 1개를 찾아 그 번호를 쓰세요.        정답 : (            )

'달려라 달려 로보트야  날아라 날아 태권브이  정의로 뭉친 주먹 로보트 태권  이세상에 당할 자 있을까보냐?  두팔을 벌려 하늘로  뻗어  적진을 향해 하늘 날으면  멋지다 신난다 태권브이 만만세  무적의 우리친구 태권브이♪'. 그 시절 선풍적 인기를 얻었던 <로보트 태권V>. 김청기 감독의 극장 애니메이션으로, 국내 로봇 애니메이션의 효시가 되는 작품입니다. <로보트 태권V>는 세계 정복을 꿈꾸는 붉은 제국 집단과 이를 로봇으로 징벌하려는 권선징악의 스토리를 기본으로 하고 있습니다. 고덕동에는 주억의 만화영화 <로버트 태권V>를 테마로 한 체험형 박물관 브이센터(V-Center)가 있습니다. 다양한 모델의 태권브이를 비롯해 훈이와 영희, 깡통로봇, 악당 카프박사의 딸 메리도 만날 수 있죠. 입구에 들어서면 정권지르기를 하고 있는 키 15m의 대형 태권브이가 우리를 반겨줍니다. 이번 주말에는 가족과 함께 추억여행 어떠세요?

〈보기〉

①

②

③

④

⑤

<달려라 하니>는 이진주 원작의 만화를 애니메이션으로 만든 작품입니다. 주인공 하니는 어릴 때 엄마를 잃고 고아처럼 혼자 살고 있습니다. 엄마가 세상을 떠난 후 아빠는 유지애라는 탤런트와 사귀게 되고 엄마와의 추억이 깃든 집을 처분하고 중동으로 파견을 가버린 것입니다. 하니는 달리는 것이 유일한 낙인 아이였습니다. 그런 하니를 홍두깨 선생님이 눈여겨 보게 되고 직접 육상부로 스카우트하죠. 홍두깨 선생님과 외모는 내세울 곳이 없지만 대단한 요리 실력에 마음씨까지 착한 천사 고은애와의 케미가 재미를 더해줬죠. 주제곡은 가수 이선희 씨가 불렀습니다. 하니가 다니는 빛나리중학교의 실제 모델은 서울 강동구 성내동에 위치한 성내중학교라고 합니다. 그래서 강동구에서는 하니에게 주민등록증을 부여했고, 하니는 둘리에 이은 한국 만화 캐릭터 중 2번째로 주민등록증을 가진 캐릭터가 되었다네요.

**077번 문제**

앞장의 사진을 떠올리며 맞는 쪽에 동그라미 표시하세요.

1. 선수들은 바톤을 쥐고 뛰고 있다. ( 그렇다  아니다 )
2. 지쳐서 쓰러져 있는 선수도 보인다. ( 그렇다  아니다 )
3. 네 명이 달리기를 하고 있다. ( 그렇다  아니다 )
4. 긴 바지를 입고 뛰고 있다. ( 그렇다  아니다 )
5. 모두 파란 운동화를 신고 있다. ( 그렇다  아니다 )

## 추억놀이 078 우주소년 아톰 (1970) 다른 그림 찾기

아톰 중에서 <보기>와 다른 3개를 찾아 동그라미 하세요.

<우주소년 아톰>은 1963년 일본에서 제작된 일본 최초의 텔레비전 애니메이션영화 시리즈입니다. 원제는 <鐵腕アトム (철완 아톰)>. 일본 만화의 신이라 불리는 만화가 데즈카 오사무(手塚治虫)는 월트 디즈니를 만화의 신으로 불렀다고 하죠. 뾰족 머리에 검은 팬티 그리고 빨간 장화가 트레이드 마크인 아톰의 모습도 디즈니의 미키마우스에서 큰 영향을 받았다고 합니다. 사람이 되고 싶어하는 모습은 피노키오에서 영향을 받았다고 하고요. '푸른 하늘 저 멀리∼ 랄랄라 / 힘차게 날으는∼ / 우주소년 아톰 / 용감히 싸워라♪'. 아톰의 주제가는 일본과 멜로디가 같습니다. 도쿄 야마노테선(山手線)의 다카다노바바역(高田馬場駅)을 도착할 때 이 멜로디를 들을 수 있는데, 바로 이곳이 데즈카 오사무가 도쿄에 올라와 생활하던 곳이기도 하면서 데즈카 프로덕션 사무실이 있는 곳이기도 해서라고 합니다.

# 날아라 슈퍼보드 (2001) 다른 그림 찾기

아래 반전된 사진들 중에서 다른 사진 하나를 찾아 번호를 쓰세요.     정답 : (                    )

<날아라 슈퍼보드>는 중국 고전소설 서유기를 모티브로한 《미스터 손》이라는 만화책이 원작이라고 합니다. 《식객》, 《타짜》, 《각시탈》의 작가 허영만님의 작품이죠. <날아라 슈퍼보드는>는 국내 제작 애니메이션 사상 최초로, 42.8%의 압도적인 시청률을 기록했다고 합니다. '치키치키 차카차카 쵸코쵸쵹 / 치키치키 차카차카 쵸코쵸쵹 / 나쁜 짓을 하면은~ / 치키치키 차카차카 쵸코쵸쵹 / 치키치키 차카차카 쵸코쵸쵹 / 우리에게 들키지~♪'. 오프닝은 가수 김수철이 불렀는데 입에 착 달라붙는 가사로 어렸을 때 많이들 따라 했었죠. "뭐 하셔~ 하셔~" 하는 저팔계의 말투도 많이 흉내 내고요. '나는 나는 저팔계 왜 나를 싫어하나~'로 시작하는 저팔계 노래도 인기를 끌었습니다. 우리에게도 손오공처럼 언제든 부르면 날아와 원하는 곳으로 데려다 주는 슈퍼보드가 있으면 얼마나 좋을까요.

①

②

③

④

〈영웅본색〉부터 〈와호장룡〉까지 남다른 행보로 선한 영향력까지 끼치는 우리들의 영원한 따거 주윤발! 1989년 밀키스 광고에 깜짝 나타나서 '사랑해요∼ 밀키스!'를 유행시켰습니다. 〈영웅본색〉의 소마(주윤발)를 따라 대한민국 남성들 한 번쯤은 트렌치코트에 선글라스를 끼고 성냥이나 이쑤시개를 입에 물어본 경험이 있을 것입니다. 양손에 권총을 쥐고 탕탕 쏘는 자세도 취해보고요. 2014년 주윤발은 홍콩 민주화 지지를 선언해 중국 정부가 중국 내 활동을 금지시켰고, 이에 '돈 좀 덜 벌어도 된다'라며 소신 있는 모습을 보였습니다. 그리고 '매일 세 끼 밥을 먹고 잘 수 있는 작은 침대 하나면 된다'고 행복의 조건을 '소박한 생활'이라고 말합니다. 실제로 평소 지하철을 타고 다니는 등 검소한 생활을 했으며, '돈은 내 것이 아니라 잠시 보관하는 것'이라고 말하며 약 8100억원을 기부하기도 했습니다. 역시 우리들의 영원한 따거십니다.

〈예시〉 갈 라 요 먹 래 면 고

→ 라면 먹고 갈래요

① 요 세 잘 나 하 너

→

② 어 변 니 사 떻 이 하 게 랑

→

③ 학 이 야 난 생 넌 고 생 이 선

→

④ 해 마 었 가 이 다 많 라 아 고 묵 니

→

⑤ 일 일 이 야 태 의 뜰 은 양 내 거 내

→

⑥ 마 으 겠 기 마 젠 면 지 돈 돼 이 사 웃 얼 어 로

→

# 캐릭터 숨은 단어 찾기

만화, 애니메이션 캐릭터의 이름 10개가 숨어 있어요. 단어는 가로, 세로, 대각선, 그리고 똑바로, 거꾸로도 나열되어 있어요.

| | | | | | | | | | |
|---|---|---|---|---|---|---|---|---|---|
| 캔 | 공 | | | 로 | 주 | 강 | 아 | 미 | |
| 수 | 디 | | 고 | 로 | | | | 머 | 스 |
| 스 | | 탄 | 가 | 뽀 | 딸 | 콩 | 콩 | 털 | 프 |
| | | 소 | | 로 | 덕 | 드 | 널 | 도 | 스 |
| 날 | 스 | 경 | 줄 | 해 | | | | 사 | 초 |
| 소 | | 펀 | | 김 | 이 | 기 | 영 | 한 | |
| 안 | 스 | 타 | 지 | 차 | | | 그 | | 지 |
| | 비 | | 골 | 밥 | 룸 | 응 | 리 | | 브 |
| 짱 | 개 | | 산 | 비 | | 둘 | | 랑 | 모 |
| 구 | | | | | 차 | 말 | 피 | 누 | 스 |
| 흰 | | 미 | 키 | 마 | 우 | 스 | | | |
| 이 | 둥 | 치 | | 당 | 으 | 로 | 암 | 루 | |
| | 차 | 공 | | | | 나 | 온 | 닭 | |

외로워도 슬퍼도 나는 안 울어♪

# 머털도사 (1989) 그림자 찾기

<보기>의 머털이 모습과 똑같은 그림자를 찾아 번호를 쓰세요.    정답 : (            )

이두호 화백의 머털도사 시리즈의 첫 작품입니다. 1989년 애니메이션으로 제작되어 MBC에서 방영되었고, 최고 54.9%라는 경이적인 시청률을 기록했습니다. 시리즈로는 <머털도사와 108요괴>, <머털도사와 또매>가 있습니다. 주인공인 머털이는 누덕산의 누덕도사에게 도술을 배우고 있는 소년으로 긴 더벅머리가 특징입니다. 하지만 누덕도사는 가르쳐 달라는 도술은 안 가르쳐주고 10년을 하루같이 도술과는 전∞혀 거리가 먼 허드렛일만 시키죠. 머털이가 할 줄 아는 거라곤 머리털을 세우는 능력뿐입니다. 사실 머리털에 도술의 비밀이 숨어 있었죠. 어렸을 때 머털도사처럼 나도 두덕산에 가서 수련을 받고 싶어했던 기억이 납니다. 어른이 된 지금도 가끔 산세가 험한 산을 보면 혹시 머털도사가 수련을 하고 있지 않을까 하는 생각을 합니다. 도를 닦고 있다가 우리 눈에 보이지 않게 변신해서 내려와 우리 마을을 몰래 지켜주고 있는 것은 아닐까 하고요.

# 아기공룡 둘리 (2008) 같은 그림 찾기

<보기>와 모양이 같은 그림 1개를 찾아 그 번호를 쓰세요.　　　　정답 : (　　　　　　)

<아기공룡 둘리>는 만화가 김수정이 빙하시대 냉동된 아기공룡을 소재로 하여 1983년부터 연재한 만화를 원작으로 만들었습니다. 빙하에서 깨어난 초능력을 지닌 아기 공룡이 고길동 가정으로 들어와 다양한 친구들과 함께 지내면서 겪는 이야기를 그려냈죠. 2003년에는 경기도 부천시에서 주인공인 둘리에게 주민등록증을 발급하기도 했다고 하죠. 그러나 실제 둘리의 주소지는 서울특별시 도봉구 쌍문동에 소재한 고길동 명의의 집으로 되어 있습니다. 실제로 쌍문동에 가면 둘리테마파크가 조성되어 있답니다. 드라마 <사이코라도 괜찮아>의 문상태가 대사까지 다 외울 만큼 좋아하는 만화영화가 <아기공룡 둘리>였죠. 피는 섞이지 않았지만 둘리를 가족으로 받아들여준 고길동처럼, 드라마에서도 문상태가 고운영을 자신의 울타리 안으로 들이는 장면은 모두의 가슴을 뭉클하게 했습니다.

# 라붐 (1980) **다른 부분 찾기**

아래 그림에서 다른 부분 5개를 찾아 동그라미 하세요.

영화 <라붐>에 출연하는 소피 마르소(빅 역)에게 헤드셋을 씌워주는 알렉산드르 스털링(마튜 역)의 모습이 담긴 이 장면 기억하시죠. 그때 나오는 노래가 영화 <라붐>의 OST 'Reality(리얼리티)'. 'Dreams are my relity, A wanderous world where I like to be(꿈들은 나의 현실이고 내가 머물고 싶은 멋진 세상이에요)'. 오늘은 오랜만에 첫사랑의 풋풋함도 떠오르고 마음이 몽글몽글해지는 기분이 들게 하는 리얼리티를 들으며 거리 산책 어떠세요?

# 스도쿠

가로, 세로, 굵은 선 안에 1에서 9까지의 숫자가 반복되지 않게 숫자 퍼즐을 완성하세요.

| 4 | 2 | 7 | 8 |   | 5 |   | 1 | 3 |
|---|---|---|---|---|---|---|---|---|
| 9 |   |   | 2 | 4 |   | 6 | 8 |   |
|   | 8 | 3 | 7 |   | 1 | 2 |   | 4 |
|   | 7 | 1 | 6 |   |   |   | 4 | 5 |
| 3 |   | 9 | 1 | 5 | 8 | 7 |   | 6 |
| 2 |   |   |   |   |   | 8 | 9 |   |
| 5 | 9 |   |   | 3 |   |   |   |   |
| 1 |   | 2 | 5 |   | 6 |   |   |   |
|   | 6 | 4 | 9 |   | 2 |   |   | 8 |

# 외국배우 이름 초성 단어 알아맞히기

〈보기〉 안에는 외국배우 이름 6개가 있습니다. 초성을 보고 이름을 맞춰 보세요.

※ (답은 몇 가지로 중복될 수 있습니다.)

〈보기〉

| | | |
|---|---|---|
| ㅈㅇㅅㄷ | ㅂㄹㅅㅇㄹㅅ | ㅅㅍㅁㄹㅅ |
| ㅈㅇㅂ | ㅁㄹㄹㅁ | ㅇㅅㄹ |

정답 : _____

# 추억놀이 087 아뵤 다른 그림 찾기

<보기>와 모양이 다른 그림 1개를 찾아 그 번호를 쓰세요.          정답 : (          )

'아 뵤오!' 액션스타 이소룡(브루스 리, 1940~1973)의 특유의 기압소리를 기억하세요? 그 당시 거리에는 이소룡의 트레이드 마크인 노란색 트레이닝복을 입고 '아 뵤오' 하고 기압소리를 내며 쌍절곤 흉내 내는 사람들이 많았습니다. 이소룡은 절권도의 창시자이자 무술 영화의 영원한 아이콘입니다. 첫 영화 <당산대형(1971)>은 홍콩영화사상 최고의 흥행기록을 세웠고, 뒤이어 개봉한 <정무문(1972)>, <맹룡과강(1972)>, <용쟁호투(1973)>도 할리우드를 뒤흔들었습니다. 이소룡은 1973년 7월 20 일, 32살이라는 한창 젊은 나이에 <용쟁호투>의 개봉 6일 전에 죽음에 얽힌 수많은 추측을 남긴 채 세상을 떠났습니다. 그가 남긴 말 중에 "나는 만 가지 발차기를 한 번씩 연습한 사람은 두렵지 않지만, 한 가지 발차기를 만 번 연습한 사람은 두렵다."라는 말을 좋아합니다. 한 가지 일에 제대로 몰두한 사람이 무섭다는 말이겠지요.

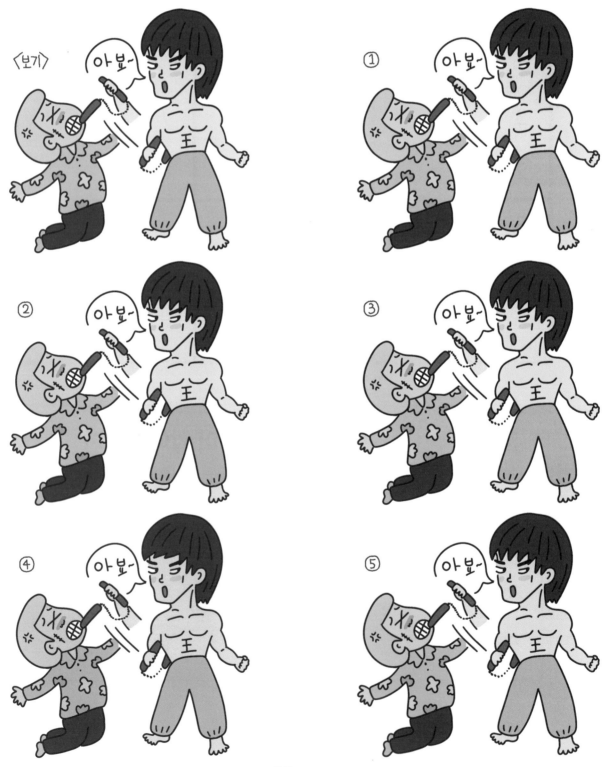

# 제임스 딘 다른 부분 찾기

오른쪽 오토바이 사진에서 다른 부분 5개를 찾아 동그라미 하세요.

제임스 딘의 풀네임은 제임스 바이런 딘(James Byron Dean)으로, 미국에서 전설로 회자되는 영화배우이자, 할리우드의 젊음과 반항의 아이콘입니다. 젊음, 반항아, 오토바이, 청바지 하면 제임스 딘을 떠올릴 정도로 당시 1950년대 십대들 전체를 대변했습니다. '젊음과 반항의 아이콘'이라는 말처럼 만 24세를 갓 넘긴 젊은 나이에 불꽃 같은 삶을 살다 떠납니다. 자신의 포르쉐 550 스파이더를 몰고 가던 중 맞은편에서 온 트럭과 충돌해서 사망했다고 하죠. 그의 대표적 작품은 <자이언트>, <에덴의 동쪽>, <이유 없는 반항>으로 최초로 사후 아카데미 오스카상 후보에 오릅니다. 제임스 딘은 물체를 겨우 흐릿하게 식별할 수 있는 수준의 시각장애인이었다고 합니다. 그의 상징과도 같은 곁눈질은 시각장애 때문에 생긴 버릇이었다고 하네요.

# 말괄량이 삐삐 (1980) 다른 부분 찾기

오른쪽 말괄양이 삐삐 그림에서 다른 부분 5개를 찾아 동그라미 하세요.

'말괄량이 삐삐 롱스타킹~♪' 양갈래로 딴 빨간머리, 얼굴에는 주근깨투성이인 소녀, 이름처럼 무릎을 넘는 긴 양말과 커다란 구두를 신고 다니는 삐삐. 집안에는 금화가 궤짝으로 쌓여 있는 알짜 부자에, 말 하나쯤은 번쩍 들어올릴 정도로 힘이 아주 세고, 철학적인 말을 툭툭 내뱉는 자유분방한 괴짜 소녀. 삐삐는 스웨덴의 작가 아스트리드 린드그렌이 쓴 동화 <말괄량이 삐삐:Pippi Langstrump)>의 주인공 이름입니다. 삐삐라는 이름은 삐삐의 실제 이름이 너무 길어서 불편하기 때문에 아빠가 붙여준 별명이라고 합니다. 실제 이름은 '삐삐로타 델리카테사 윈도셰이드 맥크렐민트 에프레임즈 도우터 롱스타킹(Pippilotta Delicatessa WindowShade Mackrelmint Ephraim's Daughter Longstocking)'이라고요. 삐삐의 말에 따르면 엄마는 천국에 있고 아빠는 식인종의 왕(실제는 해적 선장)입니다. 뒤죽박죽 빌라에서 혼자 살고 있으나 닐슨씨라는 원숭이 한 마리와 말아저씨라고 부르는 말 한 마리와 함께 지내죠.

<하버드 대학의 공부벌레들(The Paper Chase)>는 하버드 로스쿨을 배경으로 하여 시골대학출신의 법학도 '하트'를 중심으로 학업, 사랑, 우정, 미래, 도전, 좌절 등 대학생으로서 가질 수 있는 다양한 고민들이 잘 다뤄진 드라마입니다. 미국 로스쿨의 교육방법인 소크라틱 메소드(어떤 사람이 가진 생각에 대해 이성적으로 계속 질문해 무지를 자각하게 하는 소크라테스식 문답법, 다른 말로 산파술이라고도 함)를 사용하고 엄격하기로 유명한 킹스필드 교수가 강의하고, 학생들이 힘겹게 공부하는 장면들이 주로 나옵니다. "하트군, 1936년 피터 와그너 법을 제정하여 노동3권을 인정하고, 사용자의 부당노동행위를 규정한 노동법 제정의 의미를 설명해보게." 첫 수업시간부터 킹스필드 교수의 질문 공세에 수업이 끝나자마자 화장실로 직행하죠. 우여곡절 끝에 결국 킹스필드 교수로부터 법학도로 인정받게 되는 하트. <하버드대학의 공부벌레들>를 보면서 나도 저런 심장 뛰는 공부를 하고 싶다는 생각을 하셨던 분들 많았을 것입니다.

# 6백만불의 사나이 (1976) 다른 사진 찾기

아래 사진 중에 다른 하나를 찾아 번호를 쓰세요.                정답 : (          )

<600만불의 사나이>는 미국 ABC에서 1974~1978년에 방영한 드라마로 <소머즈>, <두 얼굴의 사나이 헐크>, <V> 등으로 유명한 미국의 드라마 원작자이자 영화감독인 케네스 존슨이 만들었습니다. 1976년부터 2년 간 한국의 동양방송에서도 방영되어 인기를 끈 외화 시리즈입니다. 이에 영향을 받은 MBC에서는 <특수공작원 소머즈(1976)>를 방영해서 주인공 스티브와 소머즈는 엄청난 인기를 끌었습니다. 스티브의 왼쪽 눈은 야간 투시력을 가진 줌 렌즈를 장착했으며, 불도저의 파워를 가진 생체팔, 고속질주와 높은 도약을 가능하게 하는 생체다리를 가지고 있었습니다. 소머즈는 모든 신체적 능력이 월등히 뛰어나지만, 특히 오른쪽 귀의 청각이 뛰어났었죠. 어렸을 때 스티브가 힘을 줄때마다 '두두두두' 하는 소리, 소머즈가 소리를 들을 때 들리는 '우다다다다다' 하는 특수 효과음을 따라하며 두 초능력자로 빙의해서 악당들을 물리치고 정의를 사수하느라 담벼락을 뛰어내리기 바빴던 기억이 납니다.

①

②

③

④

⑤

⑥

## 추억놀이 092 사운드 오브 뮤직 (1969) 같은 그림 찾기

<보기>와 모양이 같은 그림 1개를 찾아 그 번호를 쓰세요.  정답 : (          )

알프스에서 들려오는 환상의 하모니! 세상에서 가장 사랑스러운 합창! 다 함께 도-레-미∿♪🎵 눈과 귀, 마음까지 깨끗하게 정화시켜주는 영화 <사운드 오브 뮤직>. <사운드 오브 뮤직>은 음악을 사랑하는 말괄량이 견습 수녀 마리아가 원장 수녀의 권유로 해군 명문 집안 폰 트랩가의 가정교사로 들어가면서 생기는 에피소드입니다. 처음에는 마리아에게 좀처럼 마음의 문을 열지 않던 폰 트랩가의 일곱 아이들은 노래를 배우면서 점차 교감하게 되고, 엄격한 폰 트랩 대령 역시 마음의 문을 열게 됩니다. 특히 돌림노래식으로 부르는 <도레미송>과 대령이 '오스트리아 동포들이여, 이 노래에 대한 사랑을 잊지 말라.'라며 처음에는 혼자 부르다가 나중에 아이들과 관중들이 <에델바이스>를 합창하는 장면은 명장면으로 뽑힙니다. 세계 기네스북에 이 영화를 백 번 본 여성이 있다고 하죠. 이번 주말은 가족과 함께 사랑스럽고 진한 여운이 남는 <사운드 오브 뮤직> 어떠세요? 다시 봐도 진정한 자유로움과 행복감이 느껴지실 겁니다.

<보기>

# 맥가이버 (1986) 다른 그림 찾기

아래 사진에서 다르게 생긴 하나를 찾아 동그라미 하세요.

리차드 딘 앤더슨이 연기한 <맥가이버> 기억하시나요? 빰~빠밤빠~♪ 주제곡이 나오면 맨손의 마술사 맥가이버가 씹던 껌으로 폭발 일보 직전의 폭탄도 막고 어떤 상황에서든 스위스 군용 칼(일명 맥가이버 칼) 하나와 주위에 둘러다니는 잡 동사니들을 이용해서 무엇이든 뚝딱뚝딱 만들어 문제를 해결했었죠. 총 한 번 쏘지 않고 오직 과학적인 이론과 손재주 하 나만으로 악당을 물리치는 맨손의 마술사. 물건을 만들기 전 대사 "할아버지는 내게 언제나 이렇게 말하셨지."는 최고 유 행어 중 하나였습니다. 성우 배한성 씨의 목소리가 지금도 귓가에 들리는 것 같습니다. 당시 맥카이버 칼과 함께 앞머리 는 짧고 뒷머리는 조금 길게 자른 일명 '맥가이버 머리'도 인기를 끌었습니다.

할아버지는 말씀하셨지.
복잡할수록 칼의 순서인가?
칼의 모양인가? 이런
질문들을 던져가며 풀다 보면
답이 보일 것이라고.

# 추억의 7080노래 가사 재배치

<예시>처럼 순서가 뒤죽박죽인 노래가사를 보고 제대로 배치해 보세요.

MC 이덕화의 '부탁~해요!'가 유행어가 되었던 <토요일 토요일은 즐거워> 기억 나시죠? 1985년 11월부터 1997년 3월까지 토요일 골든타임에 생방송으로 진행된 쇼와 음악이 어우러진 인기 버라이어티로 줄여서 '토토즐'이라고도 합니다. 당시 출연 가수는 조용필, 소방차, 김완선, 이지연, 하수빈 등 80, 90년대 널리 인기받던 대형 가수부터 아이돌 가수까지 망라했죠. 프로그램이 끝날 때는 출연진들이 모두 모여 다같이 건전가요를 부르며 막을 내렸습니다. 카세트 음판 끝에 건전가요가 나오듯이요. 여튼 토토즐 덕에 토요일은 항상 즐거운 요일로 기억되는 것 같습니다. 2014년 무한도전에서 연말 콘서트인 '토토가(토요일토요일은 즐거워+나는가수다! –> 토요일토요일은 가수다!)'로 가요계 황금기였던 90년대 가수들을 한자리에 모이게 해서 우리 모두를 추억의 토토즐 시대로 소환했었죠.

〈예시〉 밤 아 일 토 좋 이 은 요
→ 토 요 일 은 밤 이 좋 아
_____

① 떡 어 너 나 기 자 가 버 리 해 면 갑
→
_____

② 네 밤 난 졌 에 젯 워 어 가 어 미
→
_____

③ 빈 무 나 써 트 음 을 의 엇 엔 내 젊 만 야 하 노
→
_____

④ 나이직가러로모면지잖르가아어는월는아디세요흘
→
_____
⑤
_____

포대할잃것가그모요는랑을사수한없다다해도내든그를기어
→
_____

# 대성리 다른 부분 찾기

아래 그림에서 다른 부분 5개를 찾아 동그라미 하세요.

1990년대 대학 신입생 하면 떠오르는 것은 MT, 경춘선, 통기타, 대성리일 것입니다. 그 시절 대성리는 대학생 MT의 성지였습니다. 학과 동기 전체가 큰 방에서 정체불명의 찌개와 설익거나 까맣게 탄 밥을 먹어도 마냥 즐거웠죠. 밤이면 곳곳에 모닥불을 피워 놓고 도란도란 둘러앉아 통기타를 치며 노래를 불렀습니다. '조개껍질 묶어 / 그녀의 목에 걸고 / 불가에 마주 앉아 / 밤새 속삭이네…', '모닥불 피워 놓고 / 마주 앉아서 / 우리들의 이야기는 / 끝이 없어라 / 인생은 연기 속에 / 재를 남기고 / 말없이 사라지는 / 모닥불 같은 것…'. 윤형주의 <조개 껍질 묶어>, 박인희의 <모닥불>… 젊음과 낭만이 숨쉬고 있는 추억의 여행, 친구들과 언제 다시 한 번 떠나봐야겠네요.

# 종로 다른 부분 찾기

아래 사진에서 다른 부분 5개를 찾아 동그라미 하세요.

예전에는 모든 문화의 중심이 종로였던 시절이 있었습니다. 한국 최초의 영화관인 단성사, 한국을 대표하는 영화배우들의 손자국을 조성한 스타광장을 만든 피카디리, 한국영화의 부흥기를 이끌었던 서울극장. 이 세 곳 중에 한 곳에서 영화를 보고, 피맛골 먹거리 골목에서 밥을 먹고 술을 마시고, 지금은 추억 속으로 사라진 종로서점에서 책을 사고, 귀금속상가에서 커플반지도 사고… 단성사는 영화 <접속>을 재미있게 봐서 그런지 더 기억에 남습니다. '만나야 할 사람은 언젠가 꼭 만나게 된다고 들었어요.' 영화 접속에 이런 대사가 나오죠. 맞아요. 종로에 가면 왠지 만나게 될 사람을 우연이라도 만날 것만 같았습니다. 지금 극장은 사라지고 없지만 그 거리를 지날 때면 그 시절 그 거리에서 팔던 오징어나 쥐포의 굽는 냄새가 나는 것만 같습니다.

# 별이 빛나는 밤에(별밤) 같은 그림 찾기

<보기>와 모양이 같은 그림 1개를 찾아 그 번호를 쓰세요.    정답 : (        )

'7080 그 시절 모두를 잠 못 들게 했던 오프닝 시그널 Frank Pourcel (프랑크 포셀)의 <Merci Cherie (메르시 쉐리)>가 흘러나오면 정겨운 목소리 '이문세의 별이 빛나는 밤에∿'라는 방송을 알리는 멘트가 흘러나옵니다. 이 오프닝 시그널 곡 '메르시 쉐리'는 <별이 빛나는 밤에> 3대 별밤지기였던 이종환님이 선곡한 곡이라고 합니다. 별밤 하면 떠오르는 분은 역시 1985년부터 약 12년 동안 별밤지기를 담당한 우리의 문세오빠, 문세형님이죠. 당시 별밤은 대한민국 청소년들의 사랑방이자 고민상담소 역할을 톡톡히 했습니다. 속으로만 끙끙대며 차마 먼발치서 바라만 봤던 짝사랑 친구 이름도 대신 불러주면서 사랑의 메신저 역할도 자처했습니다. 한번쯤 엽서나 편지로 신청곡과 사연 띄워 보내지 않은 학생이 없을 것입니다.

## 추억의 CM송 문장 재배치

<예시>처럼 순서가 뒤죽박죽인 CM송을 보고 제대로 배치해 보세요.

'하늘에서 별을 따다 하늘에서 달을 따다 두손에 담아 드려요 (오란씨)', '아름다운 아가씨, 어찌 그리 예쁜가요 (아카시아껌)', '라라라 라라라 라라~ 날 좋아한다고 (포카리스웨트)', '말하지 않아도 알아요 그저 바라만 봐도 (초코파이)', '열두 시에 만나요 부라보콘', '맛동산 먹고 즐거운 아침', '이상하게 생겼네, 롯데 스크류바', '난 사랑해요 이 세상 슬픔까지도 (가나 초콜릿)'… 추억의 CM송은 역시 중독성 있는 멜로디와 쉬우면서도 입에 붙는 가사가 남다르다는 느낌이 드네요.

〈예시〉 즐 산 먹 맛 거 아 고 침 운 동

→ 맛 동 산 먹 고 즐 거 운 아 침

① 인 겨 는 아 셨 즐 버 생 지 말 하 지 을 라

→ _____

② 예 요 씨 다 운 아 리 가 어 그 름 아 찌 쁜 가

→ _____

③ 먹 면 맛 더 없 까 라 만 에 김 을 로 가 었 라 면 무 으 을 슨 치 약?

→ _____

④ 로 고 손 으 아 비 되 윈 도 손 비 두 오 으 벼 른 비 손 비 잖 으 로 로 비 고

→ _____

⑤ 가 손 꾸 이 가 만 요 른 이 손 새 가 이 손 에 우 이 손 요 손 어 아 손 자 가 이 깡

→ _____

# 리복 그림자 찾기

〈보기〉와 같은 그림자를 찾아 그 번호를 쓰세요.            정답 : (                    )

'우리 반에 어떤 애는 척추나갔다.'
'이 광고때문에 한때 대한민국 남중, 남고 학생들이 따라하느라 의자들이 엄청 부서졌다는…'
'학교에서 이거 따라하다가 선생님한테 걸려 아주 호되게 맞았었는데…'
'의자 밟아서 넘기기… 어릴 때 종종 따라했었지ㅋㅋㅋ'
'울형친구 이거 따라하다가 다리부러짐ㅋㅋㅋ'
이종원을 스타로 만들어준 '리복' 광고를 본 후 댓글로 남긴 글을 모았봤습니다. 외과의사님들 바빴겠네요ㅋㅋㅋ

〈보기〉

① ② ③ ④

# 추억놀이 100 먼 데에 대한 그리움 (Fernweh) 그림자 찾기

〈보기〉와 같은 그림자를 찾아 그 번호를 쓰세요.　　　　정답 : (　　　　　)

책을 읽을 때 어떻게 읽는 스타일이세요? 개인적으로는 한 작가의 작품이 마음에 들면 그 작가의 다른 작품을 찾아서 봅니다. 만약 작가 전혜린을 좋아한다면 〈그리고 아무 말도 하지 않았다(1966)〉, 〈이 모든 괴로움을 또 다시(1976)〉을 찾아보고, 또 그 책에 나온 이미륵 씨의 〈압록강은 흐른다(1959)〉를 찾아서 읽고, 그녀가 번역한 루이제 린저의 〈생의 한가운데(2015)〉를 읽습니다. 말하다가 보니 꼬리에 꼬리를 물고 읽는 스타일이네요. 고등학교 시절 좋아했던 전혜린은 어릴 적 막연히 꿈꾸던 먼 데에 대한 그리움을 갖게 했습니다. 안개 낀 슈바빙을 한번쯤 가보고 싶은 곳으로 만들었죠. 나중에 꼭 같이 가보자는 약속을 친구와 했었는데, 아직 그 약속을 이루지는 못했네요. ㅠㅠ

# 정답

## 001 4P ③

## 002 5P

## 003 6P

## 004 7P

## 005 8P ⑤

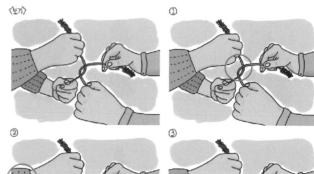

**006** 9P ③

⟨보기⟩

①

②

③

④

⑤

**007** 10P

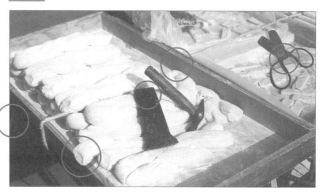

**008** 11P

**009** 12P

**010** 13P

**011** 14P

**012** 15P

# 정답

**013** 16P ③

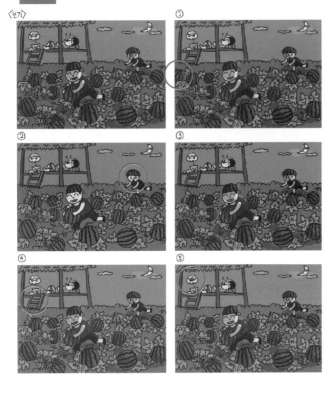

**014** 17P ④

**015** 18P 1. ㉠-⑤, ㉡-⑥　2. ㉢-②, ㉣-②

**016** 19P 1. ㉠-③, ㉡-④　2. ㉢-④, ㉣-⑧

**018** 22P 1. 아니다　2. 그렇다　3. 아니다
　　　　　4. 아니다　5. 아니다

**017** 20P

**019** 22P

| 9 | 4 | 7 | 8 | 2 | 1 | 6 | 3 | 5 |
|---|---|---|---|---|---|---|---|---|
| 2 | 6 | 3 | 9 | 7 | 5 | 8 | 1 | 4 |
| 1 | 8 | 5 | 4 | 3 | 6 | 2 | 7 | 9 |
| 3 | 2 | 4 | 5 | 9 | 8 | 7 | 6 | 1 |
| 5 | 7 | 6 | 3 | 1 | 4 | 9 | 2 | 8 |
| 8 | 9 | 1 | 2 | 6 | 7 | 5 | 4 | 3 |
| 6 | 5 | 9 | 7 | 4 | 3 | 1 | 8 | 2 |
| 4 | 1 | 8 | 6 | 5 | 2 | 3 | 9 | 7 |
| 7 | 3 | 2 | 1 | 8 | 9 | 4 | 5 | 6 |

## 020 23P

| 이 | 고 | 골 | 프 | 탕 | 주 |  | 재 | 북 | 토 |
|---|---|---|---|---|---|---|---|---|---|
| 구 | 마 | 섬 | 사 | 성 | 끼 | 상 | 시 | 응 | 기 |
|  | 투 | 솜 | 형 | 강 | 까 | 튀 | 동 | 사 | 데 |
| 가 | 사 | 이 | 흘 | 마 | 김 | 투 |  | 니 | 번 |
| 호 | 이 | 계 | 란 | 빵 | 로 | 일 | 사 | 웃 | 판 |
| 주 | 가 | 구 | 만 | 진 | 라 | 단 | 시 | 아 |  |
| 붕 | 어 | 빵 | 디 |  | 루 | 이 | 두 | 강 | 이 |
| 군 | 면 | 비 | 떡 | 누 | 리 | 볶 | 루 | 원 | 이 |
| 포 | 호 | 호 | 옹 | 김 | 복 | 떡 | 다 | 부 | 그 |
| 롱 | 브 | 디 |  | 미 | 수 | 종 | 굴 | 도 | 핫 |
| 창 | 어 | 묵 | 꼬 | 치 | 바 |  | 핫 | 홍 | 어 |
| 잘 | 아 | 진 | 바 | 고 | 나 | 드 | 묵 | 꼬 |  |
|  | 오 | 훈 | 파 | 달 | 고 | 나 | 보 | 떡 | 끼 |

## 023 26P 문제1 핫초코
문제2 한지붕세가족

## 024 27P ⑤

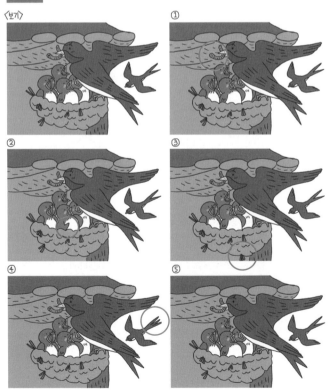

## 021 24P ③

## 022 25P

## 025 28P

## 026 29P ④

# 정답

## 027 30P

## 028 31P ②

## 029 32P

## 030 33P
1. 아니다  2. 그렇다  3. 아니다
4. 그렇다  5. 그렇다

## 031 34P

| 8 | 6 | 4 | 7 | 5 | 1 | 3 | 2 | 9 |
|---|---|---|---|---|---|---|---|---|
| 5 | 2 | 3 | 8 | 6 | 9 | 7 | 4 | 1 |
| 9 | 1 | 7 | 2 | 4 | 3 | 8 | 6 | 5 |
| 6 | 7 | 8 | 5 | 3 | 2 | 9 | 1 | 4 |
| 1 | 9 | 2 | 6 | 7 | 4 | 5 | 8 | 3 |
| 4 | 3 | 5 | 9 | 1 | 8 | 6 | 7 | 2 |
| 3 | 5 | 6 | 1 | 2 | 7 | 4 | 9 | 8 |
| 2 | 4 | 9 | 3 | 8 | 6 | 1 | 5 | 7 |
| 7 | 8 | 1 | 4 | 9 | 5 | 2 | 3 | 6 |

## 032 35P

| 넛 | 코 | 코 | 파 | 애 | 거 | 마 | 앵 | 체 | 산 |
|---|---|---|---|---|---|---|---|---|---|
| 나 | 코 | 스 | 인 | 토 |   | 포 | 비 | 리 | 두 |
| 에 | 아 | 사 | 과 | 바 | 미 | 박 | 딸 | 바 | 암 |
|   | 이 | 더 | 김 | 수 | 도 | 바 | 레 | 이 | 지 |
| 아 | 언 | 파 | 맨 | 마 | 호 | 몬 | 러 |   | 파 |
| 스 | 타 | 고 |   | 주 | 곤 | 소 | 버 | 설 | 인 |
| 몬 | 망 | 플 | 즈 | 지 |   | 지 | 복 | 호 | 애 |
| 주 | 리 | 오 | 랜 | 렌 | 랜 | 승 |   | 구 | 블 |
|   | 진 | 즙 | 소 | 오 | 아 | 시 | 마 | 가 | 마 |
| 마 | 노 |   | 고 |   | 딸 | 주 | 술 | 기 | 딸 |
| 귤 | 천 | 토 | 마 | 고 | 폴 | 란 | 동 | 송 | 송 |
| 리 | 향 | 코 | 다 | 틴 | 애 | 차 |   | 노 | 가 |
| 소 | 이 | 플 | 애 | 인 | 파 | 인 | 리 | 도 | 스 |

## 033 36P
1. ㉠-②  ㉡-④
2. ㉠-⑦  ㉡-㉠

**034** 37P

**036** 39P ④

**037** 40P

**038** 41P 문제1 문방구
　　　문제2 검문소

**039** 41P 코코아 마카롱 라면 누룽지 사이다
　　　감자전 치킨 토스트 국수 김밥

**041** 43P 1. 아니다  2. 아니다  3. 그렇다
　　　4. 아니다  5. 아니다

**035** 38P ③

〈보기〉

①

②

③

④

⑤

**040** 42P

**042** 44P

| 2 | 6 | 5 | 1 | 8 | 7 | 3 | 4 | 9 |
|---|---|---|---|---|---|---|---|---|
| 1 | 3 | 7 | 6 | 9 | 4 | 2 | 8 | 5 |
| 4 | 8 | 9 | 2 | 5 | 3 | 6 | 1 | 7 |
| 9 | 4 | 8 | 5 | 2 | 6 | 7 | 3 | 1 |
| 3 | 5 | 2 | 4 | 7 | 1 | 8 | 9 | 6 |
| 6 | 7 | 1 | 9 | 3 | 8 | 4 | 5 | 2 |
| 7 | 1 | 4 | 8 | 6 | 5 | 9 | 2 | 3 |
| 5 | 9 | 6 | 3 | 4 | 2 | 1 | 7 | 8 |
| 8 | 2 | 3 | 7 | 1 | 9 | 5 | 6 | 4 |

# 정답

**043** 45P ③

**044** 46P 박과장

**045** 47P  1. 아니다  2. 아니다  3. 그렇다  4. 아니다
5. 그렇다

**046** 48P

**047** 49P

**048** 50P  문제1 귓속말
문제2 무뚝뚝

**049** 50P  새우깡 꼬깔콘 감자깡 초코파이
고구마깡 홈런볼 양파링 포테토칩
뿌셔뿌셔

**050** 51P ③

**051** 52P

**052** 53P

**053** 54P ④

## 054 55P

| 6 | 1 | 9 | 2 | 7 | 4 | 3 | 8 | 5 |
|---|---|---|---|---|---|---|---|---|
| 2 | 8 | 4 | 5 | 3 | 1 | 6 | 7 | 9 |
| 5 | 3 | 7 | 9 | 6 | 8 | 1 | 2 | 4 |
| 8 | 2 | 3 | 1 | 5 | 7 | 4 | 9 | 6 |
| 4 | 5 | 6 | 3 | 9 | 2 | 7 | 1 | 8 |
| 7 | 9 | 1 | 8 | 4 | 6 | 5 | 3 | 2 |
| 1 | 6 | 8 | 4 | 2 | 3 | 9 | 5 | 7 |
| 9 | 4 | 2 | 7 | 1 | 5 | 8 | 6 | 3 |
| 3 | 7 | 5 | 6 | 8 | 9 | 2 | 4 | 1 |

## 055 55P
유재석 원빈 서태지 전지현 김수미
김구라 강호동 서장훈 이효리 이승환

## 058 58P
① 돈까스
② 쥐포
③ 새우
④ 우거지
⑤ 무에타이
⑥ 포세이돈
⑦ 딸기시럽
⑧ 오이무침

## 056 56P

## 057 57P

## 059 59P ④

## 061 61P
1. 아니다   2. 아니다   3. 아니다
4. 아니다   5. 아니다

## 060 60P

## 062 62P

# 정답

**063** 63P 5마리

**065** 65P ① 오징어짬뽕 ② 멸치칼국수
③ 팔도비빔면 ④ 사리곰탕면
⑤ 불닭볶음면 ⑥ 너구리라면
⑦ 안성탕면 ⑧ 짜파게티
⑨ 남자라면 ⑩ 틈새라면

**064** 64P ④

〈보기〉

①
②
③
④
⑤

**067** 67P 1. 그렇다 2. 아니다 3. 그렇다
4. 아니다 5. 아니다

**066** 66P ③

〈보기〉

①
②
③
④
⑤

**068** 68P 문제1 말을 말지(자)
문제2 아이돌

**069** 69P

**070** 70P ① 서비스 ② 당기소 ③ 정사각
④ 신발끈

**071** 71P ④

**072** 72P

**073** 73P 1. 아니다
2. 아니다
3. 아니다
4. 아니다
5. 아니다

**074** 74P 문제1 로딩중
문제2 회오리

**075** 75P

**076** 76P ③

**077** 78P 1. 아니다  2. 아니다  3. 아니다
4. 아니다  5. 아니다

**078** 78P

**080** 80P ① 너나 잘하세요 (친절한 금자씨)
② 어떻게 사랑이 변하니 (봄날은 간다)
③ 난 선생이고 넌 학생이야 (로망스)
④ 고마해라 많이 묵었다 아니가 (친구)
⑤ 내일은 내일의 태양이 뜰 거야
(바람과 함께 사라지다)
⑥ 웃기지 마 이젠 돈으로 사겠어 얼마면 돼
(가을동화)

**079** 79P ③

# 정답

## 081 81P

| 캔 | 공 |  |  | 로 | 주 | 강 | 아 | 미 |
|---|---|---|---|---|---|---|---|---|
| 수 | 디 |  | 고 | 로 |  |  | 머 | 스 |
| 스 |  | 탄 | 가 | 뽀 | 딸 | 콩 | 콩 | 털 | 프 |
|  |  | 소 |  | 로 | 덕 | 드 | 널 | 도 | 스 |
| 날 | 스 | 경 | 줄 | 해 |  |  | 사 | 초 |
| 소 | 편 |  | 김 | 이 | 기 | 영 | 한 |  |
| 안 | 스 | 타 | 지 | 차 |  | 그 |  | 지 |
|  | 비 |  | 골 | 밥 | 룸 | 응 | 리 | 브 |
| 짱 | 개 |  | 산 | 비 |  | 둘 | 랑 | 모 |
| 구 |  |  |  | 차 | 말 | 피 | 누 | 스 |
| 흰 |  | 미 | 키 | 마 | 우 | 스 |  |
| 이 | 둥 | 치 |  | 당 | 으 | 로 | 암 | 루 |
|  | 차 | 공 |  |  | 나 | 온 | 닭 |

## 082 82P ④

## 083 83P ③

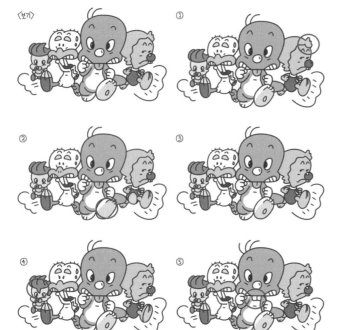

## 084 84P

## 085 85P

| 4 | 2 | 7 | 8 | 6 | 5 | 9 | 1 | 3 |
|---|---|---|---|---|---|---|---|---|
| 9 | 1 | 5 | 2 | 4 | 3 | 6 | 8 | 7 |
| 6 | 8 | 3 | 7 | 9 | 1 | 2 | 5 | 4 |
| 8 | 7 | 1 | 6 | 2 | 9 | 3 | 4 | 5 |
| 3 | 4 | 9 | 1 | 5 | 8 | 7 | 2 | 6 |
| 2 | 5 | 6 | 3 | 7 | 4 | 8 | 9 | 1 |
| 5 | 9 | 8 | 4 | 3 | 7 | 1 | 6 | 2 |
| 1 | 3 | 2 | 5 | 8 | 6 | 4 | 7 | 9 |
| 7 | 6 | 4 | 9 | 1 | 2 | 5 | 3 | 8 |

## 086 85P 제임스 딘    브루스 윌리스
소피 마르소
주윤발    마릴린 먼로    이소룡

## 087 86P ④

## 088 87P

**089** 88P

**090** 89P

**091** 90P ④

**092** 91P ③

〈보기〉

①
②
③
④
⑤

**093** 92P

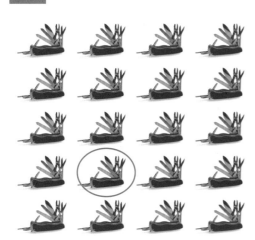

**094** 93P
① 나 어떡해 너 갑자기 가버리면 (나 어떡해)
② 어젯밤에 난 네가 미워졌어 (어젯밤 이야기)
③ 내 젊음의 빈 노트엔 무엇을 써야만 하나 (젊음의 노트)
④ 세월이 흘러가면 어디로 가는지 나는 아직 모르잖아요 (난 아직 모르잖아요)
⑤ 내가 사랑한 그 모든 것을 다 잃는다 해도 그대를 포기할 수 없어요 (그대에게)

# 정답

**095** 94P

**096** 95P

**097** 96P ④

**098** 97P
① 아버지는 말하셨지 인생을 즐겨라 (현대카드)
② 아름다운 아가씨, 어찌 그리 예쁜 가요 (아카시아 껌)
③ 만약에 김치가 없었더라면 무슨 맛으로 라면을 먹을까? (김치송)
④ 오른손으로 비비고 왼손으로 비비고 두손으로 비벼도 되잖아 (비빔면)
⑤ 손이 가요 손이 가 새우깡에 손이 가요 어른 손 아이 손 자꾸만 손이 가 (새우깡)

**099** 98P ③

**100** 99P ③

## 두뇌놀이 추억여행

1쇄 발행 2025년 3월 14일 | 펴낸이 임형경 | 펴낸곳 라즈베리 | 마케팅 김민석 | 디자인·그림 홍수미 | 글 임단비 | 편집 김단
등록 제2014-33호 | 주소 (우01364) 서울 도봉구 해등로 286-5, 101-905 | 대표전화 02-955-2165 | 팩스 0504-088-9913
홈페이지 www.raspberrybooks.co.kr
ISBN 979-11-87152-41-5 (13690)